U0948027

千古奇战系列

东晋风流

淝水之战

姜正成◎主编

中国财富出版社

图书在版编目（CIP）数据

东晋风流：淝水之战/姜正成主编. —北京：中国财富出版社，2015.7

（千古奇战系列）

ISBN 978-7-5047-5701-2

Ⅰ.①东…　Ⅱ.①姜…　Ⅲ.①淝水之战-史料
Ⅳ.①K237.206

中国版本图书馆 CIP 数据核字（2015）第 092952 号

策划编辑　张彩霞　　　　责任印制　方朋远
责任编辑　张　静　　　　责任校对　杨小静

出版发行　中国财富出版社
社　　址　北京市丰台区南四环西路 188 号 5 区 20 楼　　邮政编码　100070
电　　话　010-52227568（发行部）　　010-52227588 转 307（总编室）
　　　　　010-68589540（读者服务部）　010-52227588 转 305（质检部）
网　　址　http://www.cfpress.com.cn
经　　销　新华书店
印　　刷　北京晨旭印刷厂
书　　号　ISBN 978-7-5047-5701-2/K·0179
开　　本　640mm×960mm　1/16　　版　　次　2015 年 7 月第 1 版
印　　张　17.5　　印　　次　2015 年 7 月第 1 次印刷
字　　数　210 千字　　定　　价　38.00 元

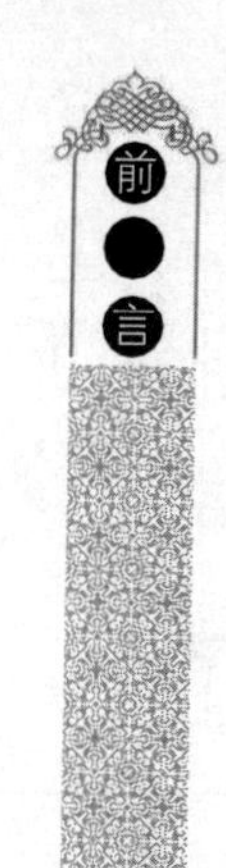

前言
QIAN YAN

公元383年发生的淝水之战，是偏安江左的东晋王朝同北方氐族贵族建立的前秦政权之间进行的一次战略性大决战。战争的结果是弱小的东晋军队临危不乱，利用前秦统治者苻坚战略决策上的失误和前秦军队战术部署上的不当而大获全胜，成为中国历史上以弱胜强的著名战例。

西晋末年的腐败政治，引发了社会大动乱，匈奴人刘聪攻灭西晋，俘虏怀、愍二帝，史称“永嘉之乱”。从此，中原被五胡占据，中国历史进入了分裂割据的南北朝时期。

在南方，晋琅琊王司马睿于公元317年在建康（今江苏南京）称帝，建立东晋。在王导、谢安等名臣的苦心经营下，王敦、桓温等枭雄的篡权图谋遭到扼制，东晋王朝得以艰难地延续。此时，由氐族人建立的前秦先后灭掉前燕、代、前梁等割据国，统一了黄河流域。前秦皇帝苻坚志向远大，胸襟开阔，实为一代雄主。他倾心汉族文化，重用王猛，修明政治，意欲扫平东晋，统一南北。

王猛临终前，力劝苻坚不要攻晋。他认为东晋内部团结，且有谢安维持大局，没有可乘之机；而鲜卑、西羌（慕容垂、姚苌等）则貌合神离，居心叵测，若攻晋不能得手，他们必将起而反秦。但苻坚不听，执意南下。

公元 383 年八月，苻坚亲率步兵 60 万、骑兵 27 万、羽林郎（禁卫军）3 万，共 90 万大军从长安南下，同时还有水师数万人从巴蜀顺流东下，向建康进军。

在东晋王朝强敌压境、面临生死存亡的危急关头，以丞相谢安为首的主战派决意奋起抵御。经谢安举荐，晋帝任命谢安之弟谢石为征讨大都督，谢安之侄谢玄为先锋，率领北府兵 8 万沿淮河西上，迎击秦军主力。桓冲也捐弃前嫌，与谢安合作，受命江州刺史，率 10 万晋军控制长江中游，阻止秦巴蜀军顺江东下。

由于秦军紧逼淝水西岸布阵，晋军无法渡河，只能隔岸对峙。谢玄就派使者去见秦将苻融，用激将法对他说："将军率军深入晋地，却紧逼河岸布阵，这难道是想决战吗？如果你把阵地稍向后退，空出一块地方，让我军渡过淝水，双方一决胜负如何？"秦军诸将都表示反对，苻坚却认为可以将计就计，让军队稍向后退，待晋军半渡而击之。但秦军是一个多民族混杂的军队，士气低落，结果一后撤就失去控制，阵势大乱。谢玄率领精锐骑兵，趁势抢渡淝水，向秦军猛攻。降将朱序则在秦军阵后大叫："秦兵败了！秦兵败了！"秦兵信以为真，于是转身竞相奔逃，一发而不可收。苻融也死于乱军之中。

不可一世的苻坚就这样败了，慕容垂的 3 万精锐却毫发无损，成了他复兴大燕的资本。而羌人姚苌也吹响了叛秦的号角。穷途末路的苻坚逃到五将山，姚苌逼他禅让，他不肯，被姚苌派人用白绢缢死，时年四十八岁。

前秦灭亡了，北方暂时统一的局面也随之解体，再次分裂成更多的地方民族政权，只好等待北魏来完成北方的统一。

淝水之战的胜利者东晋王朝虽无力恢复全中国的统治权，但却有效遏制了北方少数民族的南下侵扰，为江南地区社会经济的恢复和发展创造了条件。谢家子弟为东晋王朝的稳固立下了汗马功劳，但谢安的声望，却成为孝武帝司马曜加强皇权的障碍。

谢安的使命完成了，他也垂垂老矣，不久就离开了人世。谢安死后，门阀士族再没有响当当的人物，从此也就逐渐凋零了。风流倜傥的士族渐行渐远，成为一个不朽的神话。

目录 CONTENTS

第一章　晋朝的建立

西晋大臣大多是汉魏以来的世家大族、元勋子弟，他们习于骄奢淫乐，不以国事为重。整个统治集团奢华、腐化、荒淫，聚敛了大量财产，互相争豪比富，如著名的石崇和外戚王恺斗富之事，就是典型写照，武帝不但不加以阻止，反而推波助澜。

第二章　桓温北伐

东晋虽说偏安一隅，但一直没有放弃北伐的梦想。相继派大将殷

浩、桓温北伐。桓温英武有才略，但野心也不小，朝廷对他很忌惮，对他的北伐并不全力支持，反从旁掣肘。所以三次北伐都相继失败，最终未能扭转偏安的局面，这实在是一件憾事。

第三章　谢安出山

大名士桓彝，准确地评价了谢安，也预测到了谢安的辉煌未来，着实让人佩服。但世事弄人，让桓彝万万没想到的是，谢安最终却成了他儿子桓温的死敌，真是让人哭笑不得。

第四章　桓谢交锋

司马昱这一死不打紧，马上产生了一系列重大法统问题：传位给谁？司马昱的皇位是桓温给的，当初桓温费了许多劲，又废司马奕，又扶司马昱，目的很明显，就是要司马昱做过渡皇帝。现在司马昱要死了，皇位要不要让出来？

第五章　谢安时代的到来

为充实长江下游的军事力量，拱卫首都建康、抑制上游桓氏势力东山再起、抵御前秦南下等，谢安打算成立新军。孝武帝太元二年（377 年）十月，朝廷任命谢安侄子谢玄为南兖州刺史，负责筹组新军。

第六章　前秦崛起

当上皇帝之后，苻坚有一次在登龙门上眺望，大发感叹道：“美哉山河之固!”其臣下权翼劝谏道：“山河之固不足恃，仁德的君主应该效法古代仁君，怀远以德，统治之道在德不在险。”苻坚大悦，言听计从，开山泽之礼以让民，金玉宝物赐予战士，偃甲息兵，休养生息。

第七章　淝水之战

晋军捷报传到建康时，谢安正在与宾客下棋。他把捷报看过，随手就放在旁边，依旧下棋。客人却耐不住，问是什么消息，谢安随口答道："小儿辈已经破贼！"其实，他内心激动异常，还内室时，跨过门槛，把屐齿折断，竟不曾觉得。

第八章　北方重新分裂

姚苌见得不到玉玺，又派尹纬劝说苻坚配合自己举行个禅让仪式，名正言顺地把王位让给自己。苻坚骂道："禅代是圣贤之间的事。姚

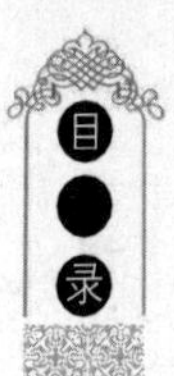

苌是叛贼，没资格！”骂完后又后悔地说道：“我很后悔当年没有杀掉慕容垂和姚苌二贼，所以才有今天啊！”

第九章　淝水战后的东晋形势

东晋朝廷内部，士族当轴人物陆续凋零：桓冲死于淝水之战的第二年，即太元九年（384年）；谢安于淝水战后未及受赏，于太元十年（385年）去世；太元十三年（388年），谢玄、谢石相继去世。东晋士族人物，无论居中居外，无论事功学术，再没有过去那种人才相衔而出的优势了。

第十章 相关阅读

谢安、桓温、慕容垂作为对历史有重大影响的人物，其生平值得深入解读。

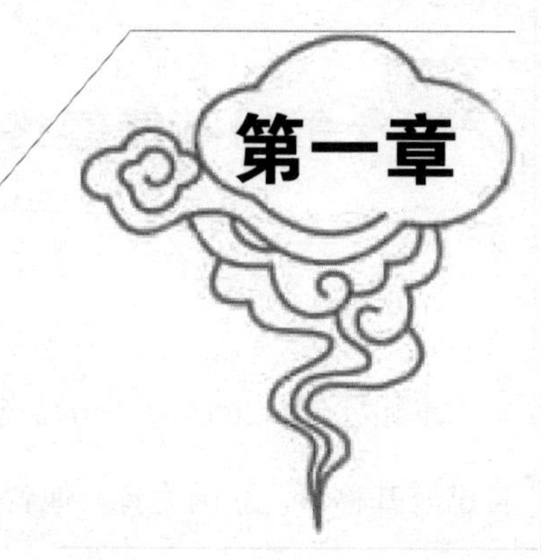

晋朝的建立

西晋大臣大多是汉魏以来的世家大族、元勋子弟，他们习于骄奢淫乐，不以国事为重。整个统治集团奢华、腐化、荒淫，聚敛了大量财产，互相争豪比富，如著名的石崇和外戚王恺斗富之事，就是典型写照，武帝不但不加以阻止，反而推波助澜。

善始不能善终的司马炎

泰始元年（265年），司马炎迫使魏元帝曹奂禅位，废他做陈留王，自己登基称帝，立国为晋，他就是晋武帝。

晋武帝即位后，于太康元年（280年）灭东吴，结束了三国时代，统一了全国。然后他罢州郡兵，屡次责令郡县劝课农桑，使社会得到短暂的安定与复苏，“是时，天下无事，赋税平均，人咸安其业而乐其事”（《晋书·食货志》），史家誉称为太康繁荣。

晋武帝制定的政治经济措施，大多以保护士族门阀的利益为主，颁布户调制度，允许官吏按官品高低占有不同数量的土地、佃客、荫户，承认官僚地主的特权；使曹魏时期制定的“九品中正制”发生相当大的变化。中正官职多为世族门阀出身的官僚所把持。晋武帝的这些措施使门阀士族势力高度膨胀。

晋武帝认为东汉和曹魏的灭亡，与宗室力量太弱有关，即位之后，便大封宗室为王，以诸王统率兵马出镇一方，并拥有地方的军政权。他以为这样便可以藩卫王室。但结果却适得其反，各宗室形成一个个政治集团，互相倾轧，力图扩大自己的势力。晋武帝亲手种下了“八王之乱”的种子。

西晋王朝建国后就浸润在奢侈腐败的气氛之中，不能自拔。晋武帝本人一当上皇帝，就极尽奢靡挥霍之能事——晋军灭吴之后，将缴获的数千宫女送入皇宫，武帝大喜，翻盖了很多宫殿，把这些人分派到各个宫殿里居住；他命人做了一辆大车，车上装满了佳肴美酒，用绵羊来拉车，他就坐着这羊车在后宫四处乱逛，也没有固定的去处，羊车停到哪里，他就在哪里过夜。聪明的宫女就把羊爱吃的竹叶和食盐撒在自己门前引诱绵羊，成功率颇高。后来5000宫女都学会了，于是到处是竹叶，遍地是食盐。顿时洛阳竹子和食盐的价格暴涨。晋武帝就这样成了历史上有名的好色皇帝。

武帝还公开买卖官爵，供其奢侈淫乐。很多正直人士，指责武帝说："东汉的桓、灵两帝，还知道把卖官钱入国库，而当今皇上却把卖官钱入私家，可见当今皇上，还不如桓、灵两帝呢。"南阳的鲁褒曾作《钱神论》讽刺当时见钱忘义的风气。

西晋大臣大多是汉魏以来的世家大族、元勋子弟，他们习于骄奢淫乐，不以国事为重。整个统治集团奢华、腐化，荒淫，聚敛了大量财产，互相争豪比富，如著名的石崇和外戚王恺斗富之事，就是典型写照，武帝不但不加以阻止，反而推波助澜，使得朝廷上下竞以骄奢为荣，贪赃枉法，贿赂风行，政风十分黑暗腐败，各种危机隐藏在表面的繁荣之后。

公元290年四月，晋武帝病倒，使诏令汝南王司马亮即速回京辅政。杨皇后为了使其父杨骏单独辅政，百般进行阻挠，最后扣住诏书不发，并伪造遗诏，封杨骏为太尉，兼太子太傅，统率军队，并总领尚书，执掌朝政。杨皇后将这伪造的遗诏给晋武帝过目。晋武帝睁着

双眼看了许久，又颓然松手将它掷在地上，不置可否。等杨皇后出宫，晋武帝已经到了弥留之际，他从昏沉中清醒过来，忽然间问左右近侍："汝南王来了没有？"左右回答"没有到"。晋武帝长叹一声，讲不出话来，晋武帝次日死于洛阳宫中的含章殿。

白痴皇帝司马衷

惠帝司马衷是历史上有名的白痴皇帝，除了贪图享乐外，一无所知。他被立为太子后，曾有不少大臣劝武帝废了他，武帝很犹豫。有一次，武帝特地送去一卷公文，命太子处理，借以考验太子是否傻得不会办事。太子妃贾南风是个机智而又凶悍的女人，她命令太监起草了一份答卷，叫太子抄写好送去。武帝一看，卷子写得虽然粗浅，但毕竟还是有问必答，认为太子并不太傻，就没有废黜他。

惠帝继位后，毫无能力处理军国大事，由杨太后的父亲杨骏独揽朝政。惠帝平时最喜欢趴在宫墙上听墙外池塘边的蛤蟆叫声。有一次，他问左右侍从，叫声是为公还是为私。当时，天下饥荒，官员向他报告老百姓没有饭吃。他想到自己不想吃饭时就喝肉粥，就一本正经地说："没有饭吃，不可以多吃些肉粥吗？"弄得官员们啼笑皆非。

惠帝即位后贾南风做了皇后，她是权臣贾充的大女儿。她欺负晋惠帝痴呆无能，大搞专权，提拔自己娘家的人，排斥异己，闹得朝廷乌烟瘴气，朝野侧目。

后来，贾南风变得越来越残忍暴虐，更为令人不齿的是，她荒淫放纵，公开与朝中大臣厮混，还到处寻找俊美男子充当“面首”。

贾皇后不满意杨骏操纵朝政，便联络汝南王司马亮、楚王司马玮杀死了杨骏，接着，又先后杀死了司马亮和司马玮。她自己没有孩子，担心大权旁落，又设计毒死了太子。赵王司马伦借口此事，带兵进京，捕杀了贾皇后，废黜了晋惠帝，自立为帝。文王司马冏、成都王司马颖、河间王司马颙等不服，起兵攻打洛阳，展开了皇族之间残酷的混战、杀戮，史称“八王之乱”。

这场战乱长达十六年之久，给人民带来了深重的灾难，使洛阳、长安两座名城遭到了严重的破坏，百姓死亡几十万，内徙的匈奴、氐、鲜卑等族乘机起兵反晋，西晋王朝走向衰亡。混战结束后，七个王被杀，只有东海王司马越还在，由他操纵朝政。

惠帝在这场战乱中，被诸王辗转抢夺、挟持，时废时立，形同傀儡，受尽凌辱。战乱结束后，司马越又准备除去这个白痴皇帝，立武帝幼子司马炽为帝。

光熙元年（306年）十一月，司马越暗中命令宫人在饼中下毒，送进显阳殿。惠帝取来吃了几枚，觉得腹中绞痛，扑倒床上，翻滚哀号，等宫人叫来御医，已不省人事。御医搭脉后连连摇头说“完了完了”。经宫人再三催问病由，御医才低声说“中毒”，说完就急忙溜走了。

永嘉之乱

东汉以后，中国西部和北部周边的少数民族开始不断向内地迁徙。造成这一状况的原因，主要是由于汉王朝的军事征服以及他们为弥补中原兵力、劳力不足而对各少数民族的招诱。与此同时，周边少数民族势力的消长变化也引起一些民族迁徙。魏晋之际，在北方汉族人口锐减的情况下，胡族内迁形成高潮。在这过程中，内迁的民族主要包括匈奴、羯、鲜卑、氐、羌等，历史上泛称为“五胡”。

西晋初年，中国北部、东部和西部，尤其是并州和关中一带，居住着许多处于不同社会发展阶段的少数民族，西北诸郡皆为戎居，关中百万余口，戎狄居半。在汉族的影响下，这些内迁的外族逐渐由游牧转向农业定居，胡汉文化相互渗透。但在交融的同时，胡汉亦存在一些矛盾，例如并州的匈奴人成了汉人的奴婢，而不少汉人也相继沦为胡人奴婢。这些奴婢常常被迫服役，当军作战，更有甚者被地方官员押往他乡出卖，因而激起了境内各民族的反抗；而各族上层人物亦往往利用本族人民，实行割据。连续不断的胡族内迁引起胡、汉双方的矛盾，严重动摇了西晋政权的统治根基，大规模的暴动有一触即发之势。

当时西晋一些官僚也察觉到形势的严重性，以郭钦、江统为代表，提出“徙戎”的主张。他们建议用武力将内迁的胡族强制徙迁回原住地，并以“内诸夏而外夷狄”的办法隔绝胡、汉接触，防止胡人的反抗。

晋武帝非英明之主，平吴后纵情声色，又无远大眼光，拒绝了徙胡的建议，反接受大批匈奴归附。他罢黜了州郡兵，令地方武备废弛，连盗贼亦不能制，致使胡人起兵后，全无阻碍。司马光《资治通鉴》说：“（惠帝）永宁以后，盗贼群起，州郡无备，不能擒制，天下遂大乱。”

而此时的西晋王朝祸起萧墙：在统治集团内部，西晋诸王为争夺中央最高权力，发生了一连串的相互残杀和战争，历时 16 年之久，史称“八王之乱”。这场大恶斗给人民带来了无穷的灾难：生产遭到破坏，数十万人民丧失了生命，许多城市被洗劫和焚毁；不少人饥饿而死。人民又重新陷于苦难的深渊，掀起了大规模的流亡浪潮。诸王利用少数民族的贵族参加这场混战，造成了严重的后果。而晋室内部腐败至极，地方防务不修，连年天灾人祸，西晋王朝摇摇欲坠，遇上强悍的胡人一推即倒。

永兴元年（304 年），匈奴贵族刘渊在左国城（今山西离石）起兵反晋，逐步控制并州部分地区，自称汉王。光熙元年（306 年），晋惠帝死，司马炽嗣位，是为怀帝，改年号永嘉。刘渊遣石勒等大举南侵，屡破晋军，势力日益强大。

刘渊，字元海，祖父为南匈奴单于，父刘豹为匈奴左部帅，曹魏时改姓刘。西晋太康末刘渊为北部都尉，后为建威将军、五部大

都督，受晋封为汉光乡侯；起兵反晋后自称汉王，永嘉二年（308年）正式称帝。

刘渊死后，其子刘聪继位。次年，刘聪遣石勒、王弥、刘曜等率军攻晋，在平城（今河南鹿邑西南）歼灭十万晋军，又杀太尉王衍及诸王公。

永嘉五年（311年），匈奴兵攻陷西晋京师洛阳，俘虏了晋怀帝；纵兵烧掠，杀王公士民三万余人。史称“永嘉之乱”。

次年，怀帝遇害的消息传来，司马业遂登位为愍帝，改年号建兴，都长安。建兴四年（316年），匈奴刘曜陷长安，愍帝出降，被掳至平阳，西晋亡。

中原已是水深火热，晋室只得南渡建国，晋元帝司马睿在建康称帝。汉族士族也举家相随，车声辚辚，扶老携幼，辛苦备尝。这是中原汉人第一次大规模南迁，史称“衣冠南渡”（“衣冠”是文明的意思）。

琅琊王氏、陈郡谢氏、谯郡桓氏，这些名门望族，离开了自己祖辈发迹的故土，非常舍不得，便在南方设立了侨郡。如，晋朝兖州原在今山东境内，后在广陵（今扬州附近）设置了南兖州；徐州原在今苏北，后在丹徒设置了南徐州。

当时江南的经济和文化还很落后，汉人南迁，带来了先进的技术及资金和充足的劳动力。此后，江南地区逐渐取代中原而成全国经济重心。

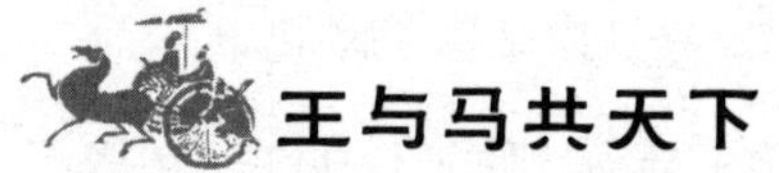

王与马共天下

西晋灭亡后的第二年（317 年），晋朝的皇族司马睿依靠权臣王导的支持，在建康（今江苏南京）做了皇帝，重新建立晋朝。历史上把这重建的晋朝称为东晋，司马睿就是晋元帝。

司马睿刚到南方的时候，由于势力单薄，当地士族并不怎么拥护他。王导为了自己的利益，就想把司马睿扶植起来，他决定替司马睿拉拢士族。王导和堂兄王敦商议了一番，终于想出了一个好办法。

在一个人们四出郊游、消灾求福的传统节日里，司马睿依照王导的安排，坐着金碧辉煌的轿子出游，前面有威武整齐的仪仗队开道，吹吹打打，好不威风；后面有王导、王敦兄弟，以及从北方避乱南来的名士，骑着高头大马紧紧跟随，更增添了几分光彩。这长长的皇帝出巡的行列，立刻惊动了许多人。南方士族首领顾荣、纪瞻听说司马睿出游，偷偷地在门缝里张望。他们看到司马睿的这副派头和排场，吃了一惊，不禁脱口叫道：“江东有主了！江东有主了！”他们赶紧带了一些人，争先恐后地来到路旁，拜见司马睿。

王导的头一招奏了效，司马睿的威望突然提高了。接着，王导又对司马睿说：“顾荣、贺循是南方士族的首领，如果把他们招来做官，

就会有更多的人跟着来报效。”司马睿觉得这话有道理，就派王导去登门拜访。顾荣、贺循正想来靠拢皇室，经王导一拉，就应命来了。他们两个人做了官，江南的士族就像风吹墙头草一样，全都倒向了司马睿。东晋政权有了这批南方士族的支持，在江南站稳了脚跟。

司马睿很感激王导的帮助，他尊称王导为“仲父”。后来，在举行皇帝正式登基典礼的时候，他三番五次地请王导和自己一起坐在御床上，接受文武百官的拜贺。王导当然不敢这样做，推辞了。但这件事足以说明，在士族权力的扩张之下，皇权是如何衰微了。难怪当时老百姓当中纷纷传说：“王与马，共天下。”意思是说：天下是王导和司马睿共同掌握的，不是司马氏一家的。

实际上，那时候司马氏的势力远比不上王氏的势力。王导做宰相，控制了政治大权，他的哥哥王敦都督江、扬、荆、湘、交、广六州的军事，握有重兵，控制了军事大权。其他重要的官职，大多数也被王家人占有。司马睿仅仅因为姓司马，是西晋皇帝的本家，才被推为皇帝，其实他是没有实权的。

司马睿在威望还没有建立起来的时候，需要依靠王导，可是当他的皇位坐稳当了以后，他对于“王马共天下”这样的局面也就不满意了。他想削弱王氏家族的势力，由他自己来掌握大权。他培植了善于逢迎拍马的刘隗、惯会酗酒放肆的刁协作为心腹，暗中进行军事部署，逐渐疏远王导。王马之间的裂痕渐渐显露出来。

东晋的统治者，把心思全用在争权夺利的事情上，忘掉了国家的耻辱，根本不做恢复中原的准备。“王马共天下”的东晋王朝，继续一天天地腐败下去。

王敦起兵

王导、王敦堂弟兄两人，本来一内一外，辅佐晋元帝司马睿，以稳定半壁江山的统治。但是，一个家族的权力太大，总是帝王所不愿意看到的。所以，司马睿即位后，就重用琅琊王幕府中的两个旧人，以刁协为尚书令，刘隗为侍中。这两人受到重用，更是处处维护皇权，以抑制大族。对此王导有些不满，但也没说什么。王敦从荆州上疏，委婉责备元帝食言，希望他能始终信任王家。

大兴四年（321年），朝廷任命戴渊为司州刺史，镇合肥，刘隗为青州刺史，镇淮阴，这表面上是要加强北部边防（北方石勒），实际上却是针对王敦而来。在任命两人的前两个月，元帝还采用刁协的建议，下诏将中原南迁百姓在扬州各郡沦落为大族"僮客"的人免除其僮客身份（所谓僮客，就是家奴）。免除僮客身份，就是让这些人恢复他们平民百姓的地位，这无疑损害了大族的利益，也不免会受到大族怨恨。但是，东晋政府采取这措施，并不是为僮客着想，而是要把他们从大族手里挖出来，用他们来为自己服兵役、劳役。据王敦起兵时上疏中的"今便割配，皆充隗军"两句看，这些人以后都被拨到刘隗部下服兵役去了。《晋书·戴若思传》（戴渊，字若思，《晋书》因"渊"

字犯唐高祖讳，称字不称名）也说："调扬州百姓家奴万人为兵配之。"由此可知，当时好不容易从北方逃出的人，到了江南，不是被逼为奴，就是被迫当兵，不管做什么，都是受苦受难。

永昌元年（322年），王敦以讨伐刘隗为名，在武昌（今湖北鄂州）起兵，声称"隗首朝悬，诸军夕退"。兵到芜湖，他又上表指斥刁协。王敦起兵时，沈充也在家乡吴兴（今浙江湖州）起兵响应，王敦即任沈充为大都督、督护东吴诸军事。元帝得讯大怒，下诏讨伐王敦，命戴渊、刘隗两军入卫建康。

王敦叛变，建康城里处境最难的是王导。他每天一早就率领宗族二十多人到宫门口请罪，等候发落。刘隗到了建康，与刁协都劝元帝把王氏全族处死。元帝虽未允准，但究竟应该怎样对待王导，他一时也在犹豫不决。在这个问题上起决定作用的是尚书左仆射周顗。周顗进宫见元帝时，王导见了，喊他道："伯仁（周顗字），我全家百口的性命都拜托你了！"但周顗头也不回就进了宫。王导以为他没有相救之心，非常不满。但是他见了元帝，却极言王导忠诚，不能治罪。元帝被他打消了疑虑，才又召王导进宫，表示对他完全信任。

三月，元帝发布诏书，称赞王导是能够做到大义灭亲的忠臣，任命他做前锋大都督，命周札守石头城，刘隗守江中蒲洲上的金城；另外，使甘卓都督荆、梁二州诸军事，陶侃领江州刺史，以攻击王敦的后方。

王敦的兵马从芜湖到建康，沿江而下不足二百里，很快就兵临城下。他采纳部将杜弘的建议，首攻石头城。杜弘了解周札为人刻薄寡恩，士卒不肯为他所用，所以石头城虽然险固，却是最好攻取的地方。

果然，杜弘兵到，周札无法抵抗，只得投降。元帝命刁协、刘隗、戴渊等反攻，想夺回石头城，都大败而归。

“一战”结束后，王敦放纵士卒劫掠，建康大乱。元帝身边只有一位安东将军刘超领兵侍卫。元帝气愤道：“要我的位子，早点说好了，何必把百姓害得这等模样！”他派人向王敦传话：“公若不忘本朝，就此息兵，天下还可以维持。如其不然，朕当仍归琅琊旧邸，以避贤路！”他已做好了被废黜的准备。

刁协、刘隗狼狈不堪地来见元帝。元帝痛哭流涕，令两人赶快逃走。刁协年老，马也不会骑，随从又都逃散，后逃到江边，就被人杀了。刘隗则逃往后赵，后来在那里官做到太子太傅。

王敦并不废黜元帝，但这个皇帝也只是徒具名义，朝中任何事情都由王敦做主。周顗，一个汝南安成人，是来自北方的有声望人物；戴渊，一个广陵人，是东南本土的俊彦。这两人都有一个特点，同王敦说起话来，针锋相对，不肯屈服半点儿。王敦正要做些事情压服众人，便把两人杀了。

但这两个人又是有所区别的。戴渊是领兵防范王敦的将帅之一，当然难逃一死。周顗只是言语不让人，属于态度问题。当时王导若肯劝阻，王敦很可能会罢手。无奈王导不知道周顗曾救过他，只记得宫门前喊他不受理睬的情形，便一声不吭。后来王导见了有关文书，悔恨莫及，流泪道：“我虽不杀伯仁，伯仁由我而死！”这两句话以后传为成语，出典就在这里。

王敦之所以能一举攻下建康，很重要的一点是后方没有发生问题。元帝曾命甘卓、陶侃攻击他的后方，但是远水不救近火。因命令

要传到王敦军的后方给甘卓，这很困难，也来不及。而陶侃更远在广州，根本无法驰援。当时的处境，关键在于甘卓能否积极主动地“勤王”。他若能以襄阳之众由汉水顺流而下，直达夏口，再东进拊武昌（今鄂州）之背，就完全可以在短时间内平定王敦的叛乱。王敦当然了解这点，但他之所以敢放胆行动，是因甘卓事先答应过要同他合作。《晋书·甘卓传》记载，甘卓内心不以为然，答应合作是假的，但这并不可靠。因为从甘卓的行动看，像是犹豫不决而敷衍一下。王敦起兵上船后，等甘卓不来，他就派人去催，而甘卓却派人劝他不要发兵。这一着使王敦吃了一惊，他便连忙要使者向甘卓许愿，答应事成之后，给甘卓升官。使者回报后，甘卓仍不采取任何行动。有人劝他，先答应王敦，等他到了建康，再起兵讨伐。他又不肯，说以前先从了陈敏，再又把他推翻，人家说我是为了自身的安危而倒来倒去，心里一直觉得不安，现在不能重蹈覆辙。他这样的话是说了不少，可实际行动则半点都没有。

王敦后方还有湘州谯王承。王敦不怕他，但也希望把他拉过来。他派使者到湘州，请谯王承做他的军司（监察军务的官员）。谯王承却囚禁了来使，起兵讨伐王敦。然而，晋朝的湘州非近代的湖南可比，人口稀少，兵微将寡，谯王承只能知其不可为而为之。他寄希望于甘卓，派主簿邓骞到襄阳劝他起兵“勤王”。邓骞见到甘卓费尽了口舌，既说平叛可立齐桓、晋文之功；又说若是坐观虎斗，一旦王敦得志，回师西进，甘卓将无立足之地；并且替他分析形势，说襄阳的兵力比王敦留守的部队强大得多，攻克武昌，势同摧枯拉朽，极易得手。

邓骞已经说得极合情理，不料王敦却又送来一个帮腔的说客。原来王敦怕甘卓在他后方动手，即派参军乐道融邀甘卓与他一同东下。不料乐道融不赞成王敦的举动，见了甘卓反而劝他袭击武昌，使王敦因后方失事，不战自溃。他与邓骞唱的是一个调子，甘卓听了觉得有理，才下了决心，发表檄文，声讨王敦，并还派使者到广州，约陶侃一同起兵。当时王敦还没有到建康，武昌城中，谣传甘卓兵到，着实恐慌了一阵。

王敦听得甘卓起兵，惊恐万分。他派参军甘印（甘卓的侄儿）回去见其叔父，传王敦的话说："足下此举自是臣节，我不怪你。我是因王氏处境危急，不得已而为之，现请足下班师，以后当再结好。"这一席话空洞无物，可甘卓听了竟会心动，以致兵到猪口（在今湖北京山境），就不再前进。

甘卓在观望，王敦则加紧行动。他自己率兵攻建康，另外派兵围攻湘州。建康的战事结束后，王敦即派人执起"驺虞幡"，以朝廷的名义命甘卓停止军事行动。这个老糊涂得知周顗、戴渊被杀，倒流了几滴眼泪，不过又说："既然圣上和太子都安然无恙，我也可以歇手了。"遂下令返回襄阳。乐道融再三劝他，应进兵彭泽（今江西湖口），截断王敦东西两段的联系，一鼓作气把他解决，但甘卓不听。乐道融自然不能再去见王敦，竟忧愤而死。

甘卓回到襄阳，丝毫不做戒备。王敦却非杀他不可。襄阳太守周虑受王敦指使，趁他不防，引兵把他袭杀。湘州死守将近一百天，终于陷落。谯王承被俘，后在押解往建康的途中遇害。

元帝气恨成病，于闰十一月中去世，年四十七岁。太子司马绍即位，是为明帝。王敦自驻武昌，遥制朝政，建康仍是王导执政。这时

北部边境的形势也趋向恶化。大兴三年（320 年）即元帝与王敦的矛盾公开化之年，东晋在淮北的形势相当稳定。祖逖对河上各坞堡，结以恩信，听任他们脚踏两头船。坞主感激祖逖，后赵有何行动，他们常过来报信。石勒对祖逖有所忌惮，特命幽州官府修建祖逖的祖父和父亲的坟墓，并且写信告诉祖逖，借此要求通使和互市。祖逖不给回信，但允许互市。有个裨将叛投后赵，石勒把他杀死，将首级送交祖逖。祖逖也不接纳降人，并令部下不得越境劫掠后赵百姓。边境居民因此稍得休息。大兴四年（321 年），戴渊出任司州刺史的任命，使祖逖很不愉快。他认为戴渊所辖地方是自己千辛万苦收复的，无缘无故交给别人去管，太不公平。同年，他去世后，兄弟祖约继任豫州刺史。祖约才能远不及祖逖，后赵乘机南侵。永昌元年（322 年），祖约退屯寿春，以后形势越来越坏，淮北各军一步步退却，东晋政府不但不能以一兵一卒支援淮北，还需把淮南的军队调到长江边上去打内战，所以到了太宁三年（325 年），东晋与后赵便把长淮一线作为边界了。

现在来讲王敦叛变事件的结局。

明帝太宁元年（323 年），王敦准备夺取帝位。他暗示朝廷召他入朝。他到来后，又得到几种特殊礼遇：黄钺、班剑、奏事不名、入朝不趋、剑履上殿。他又移驻姑孰的于湖城（今安徽当涂），这里离建康更近了。他还铲除敌对势力。义兴（今江苏宜兴）周氏，一族有五人封侯，以前又有过反对北方大族的“前科”。王敦便利用道士李脱以妖术诱骗士民的事，诬周氏与李脱共谋造反，先杀了在自己手下的周嵩、周莚两人，再派人去通知在吴郡的同党沈充，使他杀在义兴的周氏子弟，然后再进兵会稽，攻杀时任会稽内史的周札。义兴周氏与北方大族的矛盾，到这时才完全结束。

王敦的凶焰虽高，但他的日子也不长了。这原因有二。一是叛变不得人心：他的左右也有不少反对派。前面已提到一个乐道融，还有一个参军王峤，在周顗、戴渊被杀时，力持异议，也险些被杀。长史谢鲲是一时的名士，他在幕府不肯干事，但对王敦起兵却表示过不同意见，以后又劝王敦勿杀王峤，而且劝他尊重元帝。王氏本家也有坚决反对他的人。王敦极喜欢的侄儿王允之，晚上躺在床上，听到了王敦和心腹钱凤的私房话。这个小孩假装醉得不知人事，呕吐得脸上衣服上一塌糊涂，仍旧呼呼大睡。钱凤走后，王敦拿火来照，见他如此模样，以为他没有听见什么。不料他回到建康，一五一十地都告诉了父亲廷尉王舒。王舒和王导又同去告诉明帝，朝廷对于王敦的底细清楚了，这对于平叛有很大的好处。

王敦的心腹只有以钱凤、沈充为首的一小撮人。沈充远在吴郡，他的身边只有钱凤。钱凤字世仪，与沈充同乡，因沈充之荐，他才进了王敦的幕府。

原因之二是王敦病重，没有多少日子好活了。王敦没有儿子，便以其兄王含的儿子王应做嗣子。太宁二年（324 年）五月，王敦病重，钱凤问他以后怎么办。王敦这时倒想悬崖勒马了，说：“非常之事，寻常人是干不来的。应儿年小，哪里能干大事。我死之后，上策是解散军队，归身朝廷，保全门户；中策是退回武昌，不废贡献（即保持现状，稍作退步）；下策是在我还没有死的时候，进兵建康，以求侥幸成功。”钱凤对同党说：“公的下策乃是上策。”决定行险侥幸、以求一逞的策略。

建康朝廷也知道王敦患病。明帝打算讨伐王敦，征求光禄勋应詹的意见，应詹认为可行，明帝才下定决心，以王导为大都督，温峤、卞敦、应詹、郗鉴、庚亮、卞壶等大臣都做将军领兵，并调在北面领兵的苏峻、祖约、刘遐等南下保卫京师。王导更利用王敦病重的消息，诈称王敦已死，率领子弟哀悼。人们信以为真，害怕的心理为之一扫而空。朝廷也发表诏书，谴责王敦，号召所部归降，一律不加追究。

王敦在病床上看到诏书，大发雷霆，要领兵攻建康，无奈动弹不得，只能使其兄王含做元帅，与钱凤等进兵建康。七月初，兵到建康秦淮河南岸，温峤因所征外兵还没有到，宿卫兵力薄弱，遂烧毁桥梁，与敌隔水相持。双方都在等待援军。沈充先率一万余人与王含、钱凤会合。朝廷方面刘遐、苏峻的北军也随后到达。钱凤、沈充攻北军失利。其时，王敦已死了多日。起初军中还不知道，后来泄露了出去，士气大受影响。七月下旬，王含支持不下去，便烧营撤退。

王敦叛变事件完结了。王含、王应逃到荆州被杀。钱凤为江州太守周光所杀；沈充逃亡到旧将吴儒的家中，被吴儒杀了，首级也被献给了朝廷。

朝廷得胜了，然而内部虚弱的情况也完全暴露了出来。就全局来看，东晋已大伤元气。内争的结果总是这样的，这是历史的规律。

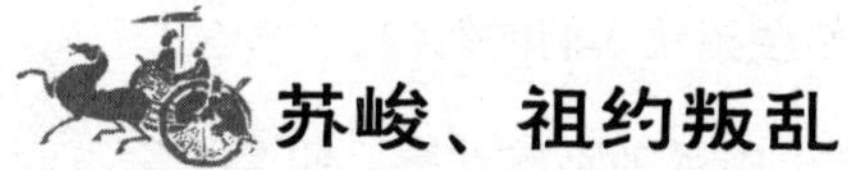

苏峻、祖约叛乱

王敦的叛乱才平定了三年，东晋又发生苏峻、祖约叛乱。苏峻由平叛功臣转变为又一次叛乱的祸首，究其原因，外戚庾亮是不能辞其咎的。

庾亮字元规，颍川鄢陵（今河南鄢陵西北）人，是明帝庾皇后之兄，明帝时做过中书监，也领兵参与过平定王敦叛乱的战争。太宁三年（325 年）闰七月，明帝去世，年仅二十七岁。他五岁的儿子司马衍即位，是为成帝，庾太后临朝。这时，司徒王导仍录尚书事，依官名是统辖一切的宰相，但实权却都转到了与其共同辅政的中书令庾亮的手里。

庾亮爱好《老》《庄》，善于谈论。明帝曾派他到芜湖与王敦议事，王敦与他长谈，颇为钦佩。论他的才能，在当时可谓突出，但从其处理政事来看，却是自信太过，不能虚心听取别人的意见，以致往往误事，这应该是与他的身份有关的。他以小皇帝的舅父身份来治国，国事几乎就是家事，又当大乱初平的时候，不免求治太急。求治太急容易出毛病，古往今来，犯这毛病的不可胜数，庾亮即是其中之一。庾亮还有一个严而不当的毛病。王导当国多年，待人以“宽”为原则。

庾亮可能是嫌这老翁〔太宁三年（325 年），王导五十岁，古代可以算老翁了，庾亮比他小 13 岁〕只会一味地“和稀泥”，便改而从严。从严治国未尝不对，但这必须得当，才能服人，诸葛亮就是靠这条成功的。反之，如果措施不尽得当，必然会招致人们的怨恨。

成帝咸和元年（326 年），因御史中丞钟雅的劝奏，庾亮杀宗室南顿王司马宗，免西阳王司马羕官，降爵为县王，贬逐大宗正虞胤（元帝虞后弟）为远郡太守。这次处分引起的震动很大，人们多以为是外戚在剪削宗室。让我们看事情的来历。司马宗和虞胤在明帝时分任左、右卫将军，率领禁兵，极受信任。明帝生病时，一天晚上，庾亮有事要进宫见皇帝，向司马宗要宫门钥匙。司马宗不给，骂庾亮的使者说：“这难道是你家的大门?!”庾亮对此一直怀恨于心。明帝病重时，不想接见臣下。庾亮就怀疑司马羕、司马宗兄弟和虞胤有什么阴谋，硬闯进宫，要求罢黜司马羕、司马宗兄弟，但明帝没有允准。成帝即位后，庾亮大权在握，左、右卫将军都换了人，司马宗失势，钟雅弹劾他谋反，认为他有夺权的企图。庾亮即命新任右卫将军赵胤去抓他，他不肯俯首就缚，用武力抵抗，结果当场被杀。庾亮积怨既久，采取的措施又不稳妥，如果用冷处理的办法，不抓、不杀、不贬，只剥夺他的权力、兵卫，就不会引起大的震动了。身为皇帝的舅父，他应该知道，对宗室采取行动是应该谨慎的。成帝年仅六岁，他对这事就有看法。他好久没有看见司马宗了，偶然想起，问庾亮道：“以前常常看见的白头公哪里去了？”庾亮说是因谋反被杀了。成帝一边哭，一边说：“舅舅说别人造反，便杀了；如果别人说舅舅造反，该怎么办呢？”庾亮想不到小外甥会说出这样的话，着实吃了一惊。

庾亮和陶侃、祖约、苏峻这三个握有兵权的人关系都不好，主要是庾亮怀疑三人不可靠。这三个人，陶侃功勋卓著，而在平定王敦叛变中没有什么表现，那是因为远在广州所致。王敦失败后，他已调任都督荆、湘、雍、梁四州诸军事、荆州刺史。他早年本在荆州立功，声望原好，再来此为官，很受地方人士的欢迎。祖约仍镇寿春。苏峻在破钱凤、沈充时立功最大，事后任历阳（治今安徽和县）内史。明帝死后，遗诏褒（嘉奖）进（加官晋爵）大臣，漏掉了陶侃、祖约。他俩便怀疑是被庾亮删掉的，京城里则传闻他俩都有怨言。苏峻，掖县（今山东莱州）人，是书生出身。永嘉年间，他纠合数千家，在本县结垒，有相当实力。因为敌不过曹嶷，就率领一部分人马南渡。他是在乱世中从书生转变为武将的人物。他在历阳有精兵一万，又招收亡命之徒扩充兵力，所需粮草也都要政府供给，得不到满足时就表示不满。司马宗死后，部下卞阐逃到苏峻处，庾亮命苏峻交出他，苏峻推说没有这人。庾亮本来就怀疑苏峻有野心，这下出了卞阐一事，双方的关系就更恶化了。

从上述情形看，这三人对朝廷都有些怨言，但是除苏峻有点不守法度外，他们并没有什么特别严重的问题。因此朝廷应该设法化解矛盾，内外合作，共御后赵，绝不可以采取可能激化矛盾的做法。遗憾的是：庾亮走的是后一条路。

庾亮走的第一着还没有大碍。他派温峤为都督江州诸军事、江州刺史，镇武昌（今湖北鄂州）；王舒为会稽内史，东西两面，与京师相呼应。温峤是这一时期的重要人物，需要介绍一下。他字太真，太原祁县（今属山西）人，曾在刘琨处做参军。刘琨派他到江南“劝进”

(请琅琊王速即帝位)。王导、周顗、庾亮等都和他友善。他屡次要求北归，都被众人挽留。明帝与他为布衣之交，即位后对他极为倚重，机要秘事他无不参与，是个智谋出众的人物。庾亮要在上流设置重镇，牵制荆州陶侃和历阳苏峻，便用他担当这重任。

庾亮的第二着就出毛病了。咸和二年（327年），他决心下诏征苏峻回建康，解除其兵权，让他做一个无关轻重的大司农。王导、卞壶都不赞成。王导说："苏峻必不奉诏，不如暂且包容他。"庾亮认为王导老翁又在"和稀泥"，就说："苏峻之于晋朝，好比吴楚七国之于汉朝，狼子野心，总有一天要造反，现在召他，即使不服从，为祸尚浅，再过一段时间，势力更强，更难对付。"他说得好像很有道理似的，而没想到还有一条消弭祸事的道路。卞壶争他不过，写信给温峤，说："本来出足下为外援，现在反恨足下在外，不能一同谏他了。"温峤知道了，也写信去劝。但是庾亮主意已定，再也听不进不同的意见。

庾亮驳斥王导的话，是在朝堂上公开讲的。苏峻知道了，便派人到建康，对庾亮说："讨贼外任，不论远近，决不推辞；到朝廷任职，是干不来的。"庾亮当场拒绝，随即任兄弟庾冰为吴国内史，与驻淮北的郭默都领兵戒备，然后下诏征苏峻入朝。苏峻再一次要求调任北边一郡，仍被拒绝。苏峻本人倒有听命入朝的意思，部下任让等却以为入朝不会有生路，劝他造反，苏峻这才决定起兵。从这过程看，庾亮不逼得太紧，事变是可以避免的。

苏峻知道祖约对朝廷有怨气，邀他同讨庾亮，祖约欣然从命。十一月，祖约派侄儿祖涣、女婿许柳领兵与苏峻会合。叛乱开始了，但还没有发生战斗。

温峤得到苏峻拒命的消息，就想领兵东下，保卫建康。庾亮不准，写信给他说："我担心西面（指荆州陶侃）比担心历阳更甚，足下切勿过雷池一步。"雷池在今安徽望江县东南，雷水入江前在此积而成池。庾亮怕陶侃叛变，要温峤在原地戒备。庾亮怀疑陶侃，说明他对陶侃缺乏认识。但是因这一封信却产生出一个典故，后世常用雷池来比喻不可逾越的界线，这倒是庾亮料想不到的。

当时朝中有人向王导献策，建议趁苏峻的兵还在长江北岸，抓紧进兵扼守历阳江边的当利日，阻其渡江，并利用彼少我众的优势，进逼历阳城，以图一战成功。反之，如果让苏峻获得主动，使兵临建康城下，以致人心恐慌，事情就难办了。王导赞同他们的意见，庾亮却不肯采纳。

十二月，苏峻的部将韩晃、张健等袭陷长江南岸的姑孰（今安徽当涂），夺得储藏在那里的米和食盐。庾亮大惊，才后悔没有抢先争取主动。他只得宣布京师戒严，准备进行防御战了。

咸和三年（328年）正月，温峤见形势吃紧，即从武昌（今湖北鄂州）东下，进驻寻阳（今黄梅西南，东距雷池还有一百公里左右）。同月下旬，苏峻亲率主力两万人，从横江（在今安徽和县）渡江，到达南岸江边的牛渚山，击败当地的政府军。二月初，苏峻到达覆舟山（在今南京太平门西）。这次又是那个提出阻敌渡江、先取攻势的陶回料定苏峻不敢直指石头城，一定会从南面的小丹杨绕道而来，可以在此处伏兵迎击，庾亮又不肯听。后来他知道苏峻果然是从那边过来，而且夜里迷了路，队伍乱糟糟的，庾亮又一次后悔莫及。

苏峻进逼建康。卞壶率军苦战，抵敌不过，与两个儿子都力战阵

亡。卞壸字望之，冤句（今山东曹县西北）人，因世乱南渡，历仕元帝、明帝、成帝三朝，为人廉洁俭约，办事勤敏，不喜清谈，是当时少见的实干派：他战死时年四十八岁，是晋朝的一大损失。苏峻军在作战时顺风放火，官署都被烧毁。卞壸既败，政府军士气衰落，庾亮亲自领兵在建康城宣阳门（南面正中的城门）布阵，士兵不听指挥，抛弃武器逃散。庾亮无法可想，只得与几个兄弟上船逃往寻阳而去。

应付叛将叛军是王导的差使。叛军攻入时，他赶紧请皇帝出来，在正殿上坐定。可怜这个皇帝年才八岁，慌乱之中，只得由人抱将出来，王导等几个大臣都登上御床。王导临时任命刘超做右卫将军，让他和钟雅、褚翜两个侍中立在皇帝身边。叛兵拥上殿来，褚翜喝道："苏冠军（苏峻官为冠军将军）来觐至尊，军人不得胡来！"叛兵听了，果然不上殿来，但是冲进后宫，大肆掳掠。许多官吏都被军人拉去挑担子，士民的衣服都被剥光，只得拿草拿土遮盖身体。建康城内城外，哀号啼哭之声，不绝于耳。

苏峻占领了建康，对部下都封官晋爵。他们对王导也不得罪，仍旧让他做原来的司徒（宰相）。

建康暂时处于这样的状态。再去讲寻阳的事情。

温峤向来推重庾亮，尽管庾亮是兵败逃来，温峤对他仍极为尊重。他们互相推为盟主，温峤的堂弟温充却劝他们推举位重兵强的陶侃。温峤赞成，就派部将王愆期到荆州（今湖北荆州），邀陶侃共赴国难。陶侃推说自己只是地方军事长官，不敢超越本身的权限。温峤几次去人，陶侃都不答应。温峤没有办法，只得顺着他的意思，派人送信去，说："仁公且守，仆当先下。"使者出发后，参军毛宝从外地回来得知了这一情况，就劝温峤道："要干大事，必须联合各方，共同合作。应该追回使者，重新写信，说必须一同进兵。万一追不回使者，也要再派人去。"温峤恍然大悟，追回使者，重新写信送去。陶侃果然允许，马上派部将龚登领兵到寻阳。温峤得到了陶侃支援，才宣布讨伐苏峻、祖约。这时已是咸和三年（328 年）四月了。

五月，陶侃到达寻阳。温峤自然高兴，庾亮却很害怕，外间也有谣传，说陶侃要斩庾亮以谢天下。但庾亮听温峤之计，一见陶侃，就下拜谢罪，引咎自责。陶侃本无恶意，见他这样，反觉意外。从此三人同心，引兵直指建康。温峤原来只有七千兵，陶侃来后，一共有兵四万，声势浩大，远近震动。

现在轮到苏峻紧张了。他决定坚守石头城，把小皇帝也挟在身边，王导竭力劝阻，也无济于事。

苏峻在石头城里登上烽火楼，远望江上陶侃等的水军，心里很是害怕。然而，这次平叛却打得很艰苦，拖得也长久。

后来，苏峻被部将杀死，他的兄弟苏逸占据石头城，又顽抗了一段时间。最终，义军攻克了石头城，苏逸被杀。历阳的祖约逃往后赵，余部投降。

第二章

桓温北伐

东晋虽说偏安一隅，但一直没有放弃北伐的梦想。相继派大将殷浩、桓温北伐。桓温英武有才略，但野心也不小，朝廷对他很忌惮，对他的北伐并不全力支持，反从旁掣肘。所以三次北伐都相继失败，最终未能扭转偏安的局面，这实在是一件憾事。

天生英物

东晋虽说偏安一隅，但一直没有放弃北伐的梦想。相继派大将殷浩、桓温北伐。桓温英武有才略，但野心也不小，朝廷对他很忌惮，对他的北伐并不全力支持，反从旁掣肘。所以三次北伐都相继失败，最终未能扭转偏安的局面，这实在是一件憾事。

桓温，字元子，为宣城太守桓彝之子，响当当的“烈士”子弟。桓彝此人，一直忠心晋朝。王敦之乱，他深受明帝信任，进计良多，得封万宁县男，并由温峤举荐去“阻带山川”的重镇宣城任内史，颇有惠政，为百姓所怀。苏峻之乱，兵弱民寡的桓彝毅然赴难，当其时也，周围郡县守令大多投降或“伪降”，桓将军誓言“义在致死”，固守城池经年，终于力屈城陷，为苏峻骁将韩晃所杀，时年五十三。东晋政府后追赠桓彝为廷尉，谥曰简。

桓彝被杀时，桓温年仅十五岁。由于知道杀害父亲的主谋是泾县县令江播，桓温“枕戈泣血，志在复仇”。三年过后，江播病死，他的三个儿子害怕桓温这样的寻仇青年来闹丧，在灵堂迎接吊孝来人时也在杖中暗藏利刃，以备不测。严密如此，仍无法躲避复仇心切的桓温。这位青年人身着素白衣衫，佯称是吊客，混进灵堂，突然之间于衣中抽出刀来，把惊吓得瞠目结舌的江播长子江彪一刀捅死当场。接着，他又猛追仓皇逃散的江播另外两个儿子，一刀一个，把江氏三兄弟尽数杀死，终于替父报仇，片刻之间就使害父仇人江播成了绝户。正是此种为父报仇的刚烈勇猛，为桓温在当时赢得了至孝、猛毅的良好声名。

桓温出生不久，其父桓彝的好友温峤就见而叹异，说："此儿有奇骨，让我听听他的哭声。"及闻其声，温峤表示："真英物也！"

温峤在晋朝"素有知人之称"，桓彝因此当即为这个大胖小子起名为桓温。温峤的知人之鉴，也成为他当年在王敦属下迷惑王敦心腹钱凤的"秘密武器"。为了交好钱凤，降低这位名师的戒心，温峤常对人讲："钱世仪（钱凤字）精神满腹。"就这"精神满腹"四个字，使得"(钱）凤闻而悦之"，与温峤成为"挚友"，使温峤在王敦起事的关键时刻得由钱凤推荐，出为丹阳尹，逃出生天。成人之后，桓温"豪爽有风概，姿貌甚伟，面有七星"。当时的名士刘惔就慨叹："(桓）温眼如紫石棱，须作猬毛磔，孙仲谋、晋宣王（司马懿）之流亚也。"魏晋之时，人物相貌、风度非常重要，相貌堂堂的国字脸上长有七颗雀斑，也能被名士们附会为"七星"。

如此不俗之表，如此手刃仇人三子的孝义之举，又是忠良之后，东晋明帝选女婿，自然把此等人物作为首选。桓温二十出头，便娶明帝爱女南康长公主为妻，拜驸马都尉，袭其父爵万宁县男。一入龙门，节节高升，很快就"除琅琊太守，累迁徐州刺史"。

桓温之父桓彝生前与国舅庾亮是好友，桓温本人也与庾亮之弟庾翼相交甚密。明帝时，庾翼作为太子舅氏，就向皇帝极力推荐这位好

友："桓温少有雄略，愿陛下勿以常人遇之，常婿蓄之，宜委以方召之任，托其弘济艰难之勋。"才气、名气、运气，可以说在青年时代的桓温身上全都汇聚在一起了。

庾翼死后，由于朝中各派的政治斗争，大家只能走中间路线，推举出一位为世人所接受的、有"四海之望"的人来接替庾翼。估计庾翼自己当初也想不到，他所竭力举荐的好友桓温，会在后来占了自己儿子的位置。朝廷诏下，以桓温为都督荆梁四州诸军事、安西将军、荆州刺史、领护南蛮校尉。如此，命世英雄终于有了施展雄心和抱负的人、才、力、地。

桓温灭成汉

新官上任三把火，桓温也不例外。为扬名立万，树立威勋，桓温当然是拣软柿子捏，准备先拿割据蜀地的成汉伪政权开刀，上表朝廷，要兴兵伐蜀。

至此，也要交代一下坐享锦绣一隅近半个世纪之久的李氏成汉家国。

东汉末年，一支原居巴西（今四川阆中）周遭地区的氐人迁移至汉中。曹操进据汉中后，作为氐酋的李氏一族便赶忙归附，被迁到略阳（今甘肃秦安），至此，以巴氐之名见称于天下。西晋元康年间（291—299 年），关中乱起，略阳一带数万百姓流亡入汉中，世为氐酋的李特、李庠、李流兄弟想当然地被推戴为流民首领。元康末年，李特等人在朝廷认可下进入蜀地“就食”。在剑阁，李特见如此形胜之地，叹道：“刘禅据此而束手被擒，真乃庸才！”言语之间，已见英雄割据之心。

不久，时为益州刺史的赵廞因其亲戚加后台贾南风被废，便也想据蜀做“刘备”，招收李特兄弟等流民队伍，阴谋作乱。赵廞庸下小人，眼见李氏兄弟雄武，就找个借口把李庠杀掉。这下可捅了马蜂窝，李特率流民队伍攻入成都，大肆劫掠，并上表晋廷陈诉赵廞的不臣之心。很快，赵廞就在逃跑途中被人杀掉。

晋廷本来就万事杂乱，根本过问不了蜀地之事，一纸诏书，对李特兄弟封侯拜将，并又派梁州刺史罗尚为平西将军、益州刺史。罗尚本来就是贪残之人，到任后更容不下已成气候的李特兄弟，借晋廷之诏命令流民离蜀返乡。如此一激，李特兄弟自然不放过天赐良机，率六郡流民正式造反，自称镇北大将军。公元 302 年，李特击败晋将张微；公元 303 年，他在打败晋军罗尚后又击降了晋的蜀郡太守徐俭。亢龙有悔。正当李特自我感觉极佳之时，罗尚率数万晋军突然袭击，一举杀掉李特、李辅兄弟。

李特被杀后，其弟李流接过大旗，自称益州牧，带着李特之子李荡、李雄等人顽强奋战。由于境遇困苦，李荡不久也被官军杀死。李流肝胆俱裂，想向官军投降，遭到兄弟子侄的反对。夺气之余，李流把权力交给李特之子李雄。不久，李流病死，李雄被部众拥立为益州

牧、大将军。公元304年年底，李雄率军攻占成都，击走罗尚。

晋永兴元年（304年）十一月，李雄自称成都王。又隔了一年多，李雄自称皇帝，国号大成，辖地包括今天四川、陕西西南部、云南和贵州北部，大概相当于三国时的蜀汉范围，是十六国中第一个称帝的地方割据政权。

“关起门来做皇帝”，倒是李雄的写照。此人本性宽厚，简刑约法，与民休息，在位三十年间，“时海内大乱，而蜀独无事”。死前，李雄虽有儿子十多个，却选择战死沙场的哥哥李荡之子李班为皇太子。李班仁厚酷似其伯父李雄，但李雄的儿子却不是什么善茬。一天，刚继位没几个月的新皇帝李班夜间正在灵堂哭殡，即被李雄之子李越、李期暗杀于室内。

杀掉李班后，李越虽年长，但是庶出，便推兄弟李期为帝。李期为人残暴好杀，滥杀贤良，任用奸佞，连兄弟子侄不顺己者都一概毒杀。当时，镇守梁州的李骧（李骧是李特之弟）之子汉王李寿惶恐之余，趁成都不备，拥大军忽然袭城，一举杀掉李越等人，并把李期废为邛都县公。悔叹之余，李期在囚所上吊自杀。

昏君被废，后继的李寿更不是什么好东西，正所谓“一蟹不如一蟹”。篡位之后，李寿遍杀李雄子孙，并纵兵奸淫李雄一支的妇女殆尽。同时，他一反李氏前期几个“皇帝”不与晋朝为敌的做法，和北方的大暴君石虎通好，准备联兵伐晋。李寿称帝后改国号为汉，后人便称这一盘踞蜀地的氐族李氏政权为“成汉”。

李寿派往后赵的使臣回来“汇报工作”，讲述石虎宫殿壮丽，美女盈宫，刑法严峻，这一下子把李寿羡慕得不行，立时仿效，大修宫室，广选宫女，动辄诛杀臣下立威，搞得蜀地人民苦不堪言，被赋税徭役压得喘不过气来。荒淫六年后，东晋康帝建元元年（343年），李寿病死，其子李势继位。

李势“身长七尺九寸，腰带十围，善于俯仰，时人异之”。此人当太子时很能装模作样假谦恭，称帝后即原形毕露，先逼杀了自己的亲弟弟李广，又杀掉直谏善政的大臣马当和解思明。不久，宗室李奕起兵，蜀人多拥护相随，但事败垂成，李奕逞一夫之勇，攻成都城时一马当先，被守兵乱箭射死。李奕被平灭，成汉的统治却已经溃入腹心，渐成绝症之势。其境内的獠夷部族乘乱而起，四处劫杀，“军守缺离，疆土日蹙”。加之李势天性猜忌，诛残大臣，滥加刑狱，致使人怀危惧，上下离心。

正是在成汉分崩离析的前夕，大英雄桓温果断提出伐蜀之策。

桓温伐蜀之举，其属下僚佐竟有百分之九十表示反对，弄得大将军自己心里也产生了犹豫。

江夏相袁乔也是桓温属官，进言道：“经略天下大事，自非凡人所能及。今为天下患者，胡、蜀二寇而已（指北方后赵和蜀地的成汉），蜀地虽险，势力却较羯胡为弱。李势无道，臣民不附，加之他自恃险远，战备不修，正是攻袭的绝佳良机。可先选精卒万名轻装疾驰，等敌方发觉我方出兵，我军已经逾过其险固隘口，李势可一战而擒。蜀地富饶，人口繁庶，当年诸葛亮恃此能与中原曹魏抗衡，如果能占领蜀境全土，实为国家大利。”

为了打消桓温的顾虑，袁乔进一步说明：“朝野众人劝阻伐蜀的主要原因，是害怕我们大军西进，北方胡寇会趁机攻掠。其实，胡寇

忽然听闻我军万里远征，肯定一时缓不过神，会认定我们国内严加防备，绝不敢轻动。即使他们冒险来攻，沿江守卫部队足以拒守，必无后患。”

经此一说，桓温伐蜀决心便不可逆转。东晋穆帝永和二年（346年）年底，桓温率益州刺史周抚、南郡太守谯王司马无忌等人，提兵伐蜀，“拜表即行”，未等朝廷明诏可否，就已经踏上征程。谋士袁乔能文能武，亲率两千人为先锋。

伐蜀大军已经开拔，奏表才送至建康朝廷。殿堂之上，文武朝臣议论纷纷，都以为蜀道险远，桓温军队人数又少，对此次兴兵皆抱悲观态度。唯独桓温的老友、大名士刘惔断定此行必能成功。朝臣们大都面有忧色，三三两两凑过来问刘惔为何对桓温这么有信心。

刘惔说出的话令众人面面相觑：“我是根据过往与桓温赌博的经验得出此论。桓温，是个赌博大玩家，下注必下大注，没有百分百的胜算他决不轻掷。由此观之，蜀地必为其所得！”停顿片刻，刘惔又说：“但恐怕桓温克蜀之后，终必会专制朝廷啊。”

东晋穆帝永和三年（347年）三月，桓温的晋军忽然出现在蜀地的青衣县。天天酒肉美女的李势闻报惊骇异常，简直不敢相信这一切是真的。惶急之下，他派叔父李福、堂兄李权以及前将军昝坚等人大集兵马，自岷江以北向青衣方向急行军，欲图阻御晋军。

蜀军诸将大多认为应以逸待劳，设伏于江南突袭晋军。昝坚不听，死催一样引大军从江北的鸳鸯碕出发直奔犍为（今四川彭山以东）。此时，桓温晋军已经赶到彭模（今四川彭山东北），准备在成都平原上纵马驰骋。

在彭模休整时，有军中参谋建议晋军应分为两道，异路而进，可以分解成汉部队的兵力。先锋袁乔再次提出他本人的判断："现在，我军深入万里之外，胜则大功可立，败则一人无存，应当合势齐力，以取一战之大捷。如果兵分两路，则众心不一，假如一路败北，全盘皆输。"

桓温大为赞同。他下令晋军全军而进，丢掉所有的军用炊具等多余后勤装备，只带三天的干粮，全速前进，直扑成都。此命一下，晋军知道首将已经表示了"不成功则成仁"的决心，死下一条心，都准备作殊死之战。

前进途中，桓温与成汉宗室镇南将军李权大军相遇，三战三胜，"汉兵散走还成都"。成汉另一位镇军将军李位都见大事不妙，很乖巧，带着军队径直向桓温投降。

另一方面，成汉大将昝坚猪癫风一样率大军赶至犍为，才知道根本和晋军异道而行，连照面都打不上，甭提排阵开战了。惶急之下，昝坚又率这大批疲惫之军奔返成都，刚刚涉水渡过沙头津，已有游骑报告说晋军主力早已在成都近郊十里陌驻扎完毕，正摆开阵势迎候昝坚。这下可好，两军主力还没开打，昝坚军忽然不战自溃，四散奔逃而去。

困守愁城的李势无法，只得悉众出战，在成都西南的笮桥与晋军决战。

有个"皇帝"在身后面，成汉军队的士气还真忽然上来了一下子。两军初接，晋军前锋进攻部队遇到汉军死命抵拒，初战不利，东晋的参军龚护被杀。成汉军得势汹汹，喊杀阵阵，数只利箭也射向位于中

军的桓温马前。

“(晋军)众惧，欲退。”横的怕愣的，愣的怕不要命的。眼看成汉军队大瞪眼珠子，抡着大刀片子死命向前，一路上没遇过劲敌的晋军顿起惧意，乱哄哄往反方向倒退。千钧一发之际，又是历史的偶然性在关键时刻显示出“无常”的黑色幽默——晋军鼓手本应鸣金退兵，估计这几个人手中没兵刃，眼看成汉兵士的长矛、大刀明晃晃杀来，他们手中的大槌乱敲，“误鸣进鼓”，咚咚地把进军牛皮大鼓连连猛敲(吓得哆嗦，所以鼓点挺急)。士兵们在战场上、训练场上都已经养成条件反射，闻鼓则进，闻金则退。听见大鼓声声，晋军个个扭头又往前冲。身为前锋的袁乔书生执剑，下马督战，指挥已经内心生怯的晋兵拼死进攻。

成汉兵也就是一鼓作气，看见晋兵比自己还不要命，抵挡一阵，又都掉头回逃，桓温大胜，乘势直驱至成都下，四处纵火，每个城门都笼罩在火焰烟雾之中。“汉人惶惧，无复斗志”。

李势至此，知道自己的“大汉”已经灰飞烟灭，呆坐殿上，不知所为。中书监王嘏等人劝他出降，侍中冯孚认为：“东汉时吴汉伐蜀，尽诛公孙氏。现在晋朝的檄文上又明讲‘不赦李姓一族’，即使出降，恐怕也不得活。”

李势越想越怕，趁夜逃出东门，迎头赶上身旁只有一两个从人的大将昝坚，一起往葭萌逃窜。

逃都逃了，李势又觉不妥，没法逃出生天，便带着棺材，自缚请降。

桓温大喜，亲自为他解缚，接受了他的投降。后来晋廷封李势为归义侯。

桓温取得了灭蜀的辉煌胜利，威名震动朝内外。朝廷封桓温为征西大将军、开府，封临贺郡公。

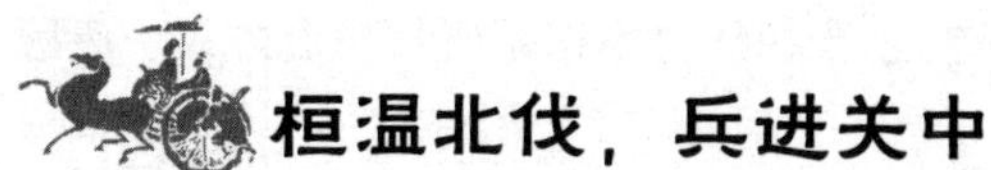

桓温北伐，兵进关中

东晋穆帝永和五年（349年），后赵石虎病死，境内大乱。桓温闻此，立刻屯军安陆，准备北上收复中原。可是朝廷怕他北伐成功兵权更重，对他的要求不予理睬。

只要不是桓温，别人北伐是可以的。褚太后的父亲、征北大将军褚裒当时镇京口，上表请求伐赵，朝廷竟痛快地答应了。

这位国丈是个文人，打仗却不行。代陂一战，他派去北上接应鲁郡归附民众的二将全军覆亡，只好退至广陵，致使渡过黄河南迁的二十多万汉人百姓被追赶上的胡人诛杀殆尽。羞愧惭恨之余，褚国丈郁郁而终，时年四十七。

公元350年，朝廷又任命殷浩为都督扬、豫、徐、兖、寿五州诸军士，统军北伐。这位殷浩也是位大名士，是谈吐不凡的清谈家。但清谈是一回事，打仗是另一回事。

志大才疏的殷浩在司马昱支持下，很想一显身手，青史流芳。集

结部队后，他兴冲冲地飞身上马，竟摔了个大马趴，军中上下皆以为是不祥之兆。

果然，殷浩手下兵将虽多，但他自己缺乏统领的才能。本来已经降晋的羌酋姚襄，掉头来攻晋军，殷浩措手不及，损兵折将，器械粮草也多为姚襄所获。殷浩灰溜溜地回朝了。

一直憋气的桓温趁机狠狠参了殷浩一本，讲他“神怒人怨，众之所弃，倾危之忧，将及社稷”。东晋朝廷也不得不听从桓温之议，废殷浩为庶人，徙于东阳偏僻之地。

殷浩被罢了官，心中愤愤不平，成天在空中以手写字，旁人认真揣摩，发现是“咄咄怪事”四字，估计是自己和自己叫劲。

殷浩被罢免，桓温的朝中障碍不复存在，再也没有人能阻止他领兵北伐了。

公元354年春，桓温率领四万人马，水陆并进，讨伐前秦苻健。苻健闻讯后忙派太子苻苌、丞相苻洪、淮南王苻生领兵五万前去抵御。

且说淮南王苻生，自幼瞎了一只眼，却异常勇悍狂悖。他的祖父苻洪不喜欢他，有次指着他的瞎眼向左右开玩笑：“听说瞎儿只有一只眼流泪，不知是否如此?”苻生听了这话，立即拔出佩刀刺向瞎目，指着淌下来的滴滴鲜血对祖父说：“这不是瞎眼流下的眼泪吗?!”众人见了，无不惊骇。苻生成年后力大无穷，能与猛兽格斗，击刺骑射，无一不精。

两军相遇，苻生一马当先向晋军冲去，两名晋将截住他厮杀，都被他劈于马下。他左冲右突，如入无人之境，晋军前队人马抵挡不住，纷纷溃退。桓温见来将勇猛，忙将弓弩手调上前，只听一声令下，箭如飞蝗飞入敌阵。苻生毫不畏惧，用刀拨箭依然猛冲，忽然听到身后一声惨叫，太子苻苌身中两箭落马。苻生回马救起太子，且战且退。晋军乘胜追击，直抵霸上。

苻健见大军败回，吃惊不小，连忙紧闭城门，坚守不出。关中百姓深受鼓舞，纷纷前来劳军，长安附近的郡县全都归附了晋廷。关中父老哽咽着说："没想到今日又见到了官军!"

因战乱一直隐居华阴山的豪杰名士王猛，听闻桓温入关中，披着破衣服求见，和桓温一边攀谈，一边竟捉起身上的虱子，旁若无人。"扪虱而谈"也是一种魏晋风度。

桓温对王猛大感惊异，便问道："我奉天子之命，将锐兵十万(其实不到四万)为百姓除残贼，而三秦豪杰未有至者，何也?"

王猛回答："明公您不远数千里，深入敌境，今距长安咫尺之遥而不渡灞水进攻，百姓不知您到底想些什么，故而没有前来投附。"

桓温默然久之，然后，答非所问地讲了句"江东没有您这样的人物"，给王猛封了个"军谋祭酒"的散官，打发了事。

本来，桓温自恃关中即将麦熟，军粮无忧，不料前秦派人四处芟麦，坚壁清野，使得晋军立时产生了断粮乏食之忧。

喘息已定，前秦各军也纷纷反攻。苻雄与桓温再战白鹿原，晋军不利，被杀一万多人。桓温回撤，前秦太子苻苌一路追击，又令晋军损失上万军卒(苻苌本人却中流矢而死)。司马勋、王擢两部晋军也屡遭败绩，分别逃往略阳和关中。不久，王擢又向前秦投降。

桓温撤退前徙关中汉人三千多户随军归江东，又拜王猛为高官都护，王猛辞谢不就。十月，桓温回军襄阳。

此次北伐，振奋了晋朝的声势，但收获不大。

桓温二次北伐

东晋穆帝永和十二年（356年）元月，羌酋姚襄占据许昌后，得陇望蜀，又想攻占洛阳。洛阳当时为晋朝叛将周成所踞，双方激战，一时胶着。

姚襄，字景国，是羌酋姚戈仲第五子，“身长八尺五寸，臂垂过膝，雄武多才艺”，且“好学博通，雅善言谈”。当年降晋，豫州刺史谢尚见其单骑渡淮，也屏去仪仗，便服相迎；一相交谈，便欢如平生之交。叛晋之后，姚襄总想占据有山河四塞之固的洛阳开建大业，不惜损威劳众，猛攻坚城。

公元356年夏，东晋朝廷拜桓温为征讨大都督、督司、冀二州诸军事，进讨姚襄，这就是桓大将军的第二次北伐。

桓大将军乘船，自江陵率水陆大军，浩浩荡荡直奔中原而来。

夏日晴朗，桓温与众位僚属随员登上大船顶楼，北望中原，叹息道：“遂使神州陆沉，百年丘墟，王夷甫诸人不得不任其责！”可见，对于王衍等人的清谈误国，桓温深恶痛绝。经过金城，又见自己青年时代亲手栽植的柳树已茁壮长成，桓温慨然道：“木犹如此，人何以堪！”随即攀枝执条，泫然流涕。魏晋风神，于桓大将军真情流露之际可窥见一斑。

是年秋，桓温已至洛阳城南的伊水，惊得姚襄急忙撤围，聚兵结阵，来抵御晋军。

姚襄要小聪明。他先把精兵埋伏于伊水北的密林中，又派人送信给桓温，表示："明公您亲师王师而来，姚襄想奉身归命，希望您下令三军稍稍后退一步，我当亲自拜伏道左迎候。"

桓温何许人也，怎能中此小计。他对姚襄使人说："我此来是开复中原，拜敬皇陵，与君无关。要来相见便来，马上就有机会见面，不要再烦使人往还。"

见计不成，姚襄拒伊水与晋军开战。

桓温结阵而前，本人亲自披甲督战。双方开打，桓冲等晋将勇猛冲锋，杀得姚襄大败，数千人被斩首。

姚襄率残兵数千奔逃于洛阳北山。由于姚襄为人"勇而爱民"，屡战屡败之际，许昌、洛阳附近的人民扶老携幼，仍旧一路跟随。听说姚襄伤重身死的传闻，桓温营中刚刚被"解救"的百姓竟然"无不望北而泣"，可见这姚小伙确有不凡的人格魅力。

不敌之下，姚襄向西遁逃，径往平阳而去（今山西临汾）。

桓温召见姚襄从前的手下杨亮，问姚襄为人。杨亮回答："神明气宇，孙策之俦，而雄武过之。"

不久，姚襄又想谋图关中，与前秦争霸。当时的前秦主苻生派堂兄弟苻黄眉、苻坚等人与之激战于三原（今陕西三原县），双方大战一场，姚襄不敌，被秦兵擒杀，时年二十七岁。其弟姚苌率余众降前秦。后来，苻坚大帝兵败淝水，各族降将纷纷反叛，姚苌最终缢杀了虎落平原的苻坚大帝（当时苻黄眉本来要杀姚苌，关键时刻，身为前秦大将的苻坚求情，才救了他一命），自己建立了后秦，并追谥姚襄为魏武

王。此是后话。

凭城瞭望，眼见晋军得胜，姚襄败北，洛阳的周成自知不敌，率众出降。桓温大军入城，屯金墉城。桓大将军本人又亲领僚属，拜谒西晋几处皇陵，修葺墓所，并留两千兵士镇戍，迁降民三千余家于江汉平原，执逮周成返归建康复命。

劳苦功高，东晋改封桓温南郡公，并封其子桓济为临贺县公。至此，桓氏一族，兄弟子侄皆掌重镇要职，显赫一时。

穆帝升平五年（361 年）五月，桓温又派其弟桓豁督沔中七郡诸军提兵回至许昌，大败前燕大将慕容尘。

六月，东晋穆帝病死，年仅十九。由于穆帝死后无嗣，朝臣拥立成帝长子琅琊王司马丕为帝，是为东晋哀帝。

哀帝兴宁元年（363 年），前燕军队又进攻洛阳，桓温派兵数千赴援，并上书朝廷，建议迁都洛阳。此时的桓温，已被晋廷加封侍中、大司马、都督中外诸军事、假黄钺，威势莫此之盛。一言既出，晋廷上下惶惶不可终日。

桓温迁都之议，确是想以“虚声威朝廷”。南迁江东的东晋官吏大大小小早已在江南安家立业，广占山泽，如果北迁洛阳，丢掉几十年辛苦积攒下来的家业不说，洛阳地处前线，保不准哪天又失守，身家性命也会一朝玩儿完。

最终，倒是扬州刺史王述点明桓温不过是恫吓朝廷，“但从之，自无所至”，晋廷“优诏”答桓温，互相都有了大台阶下，迁洛阳之事，也就不了了之。

东晋哀帝继统没过三四年，就于公元 356 年病死，时年仅二十五。其同母弟司马奕继位，是为东晋废帝（海西公）。

谢安出山

大名士桓彝，准确地评价了谢安，也预测到了谢安的辉煌未来，着实让人佩服。但世事弄人，让桓彝万万没想到的是，谢安最终却成了他儿子桓温的死敌，真是让人哭笑不得。

风神秀彻

谢安出生于一个官宦之家，祖籍陈郡阳夏（今河南太康）。他的曾祖谢缵在曹魏时只是一个长安典农中郎将，名望并不显赫，因为《晋书》有记载，但《三国志》无闻，很可能是起自寒微，不为世人所重。祖父谢衡，是西晋的儒学家，博家多闻，任过吴兴太守、侍中、吏部尚书、中护军等官职。父亲谢裒（一作褒），永嘉之乱时携家南渡，在东晋政府中担任过侍中、吏部尚书等要职。陈郡谢氏的显赫家世只能上溯两代，远不及王、郗、庾、桓诸家。到了东晋时代，谢氏家族的地位才迅速上升。

东晋大兴三年（320 年），谢安呱呱坠地。由于有良好的家教和优越的成长环境，四岁时，小谢安已经落落大方，聪明活泼，异于常人。小谢安长得白白净净，端正大方，容貌俊秀，眉宇间透露着一股小孩子身上鲜有的睿智之气，让人难忘。

就在小谢安四岁的一天，发生了这么一件事：这天，天气晴朗，阳光和煦，小谢安也在院子里调皮的蹦跳着，这时，家里来了一位客人，此人叫做桓彝，跟谢安的大伯谢鲲同列“八达”之一，是个大名士，在当时的东晋赫赫有名，桓家后来那么风光的基业，就是从他过江后，慢慢建立起来的。据说，桓彝这位大名士一到谢家，就被谢安牢牢地吸引住了。桓彝发现，这个孩子如此与众不同，眼光犀利而有神，相貌俊美，说话也颇有文采，小小年纪，就能如此优秀，这让桓彝惊叹不已，赞叹有加。于是，桓彝不由自主地说道："这孩子风神秀彻，后当不减王东海！"这里需要解释一下，在东汉时期，评论一个人要看此人的"骨相"，而在魏晋时期，评论一个人主要看其"风神"，因此，当卓尔不群、才貌出众的谢安被当时赫赫有名的大名士赞叹为"风神秀彻"，足见其对小谢安的喜欢程度之深。"后当不减王东海"，这个王东海就是王承，也是当时很有名的人物，为官清廉，刚直不阿，很受百姓爱戴，并且极有风度。桓彝将小小年纪的谢安与王东海相比，也足见其对谢安潜力的认识有多么准确。果不其然，若干年后，谢安"不减王东海"，成为东晋著名的政治家、军事家，先后出任吴兴太守、侍中兼吏部尚书兼中护军、尚书仆射兼领吏部加后将军、扬州刺史兼中书监兼录尚书事、都督五州、幽州之燕国诸军事兼假节、太保兼都督十五州军事兼卫将军等职，声名双收，名垂青史。

大名士桓彝，准确地评价了谢安，也预测到了谢安的辉煌未来，着实让人佩服。但世事弄人，让桓彝万万没想到的是，谢安最终却成了他儿子桓温的死敌，真是让人哭笑不得，当然，这是后话，在这里就不再赘述。

东山再起

谢安早年一直高卧东山，整日与王羲之、孙绰、支道林等一群名士朋友，携手郊游，喝酒聊天，妙谈玄理，对于朝廷屡次三番的征召，都一概束之高阁，拒不赴任，一副世外隐者的做派。但在这浪迹江湖、有如闲云野鹤的生活中，谢安并没有完全遗落世事，他始终在暗自观察着时局的走向。一次，他的妻子刘氏问他："大丈夫不该出仕为官，光耀门庭吗?""我恐怕是难以避免出山为官的。"谢安略带隐忧地答道。

果然，谢安的担忧并非杞人忧天。

升平三年（359年），谢安的弟弟谢万与北中郎将郗昙兵分两路，北伐前燕。由于郗昙因病而退屯彭城，谢万以为对方是因前燕兵强而退，于是仓促退兵，士众自行溃败，谢万亦只身狼狈逃还。谢万的溃败令许昌、颍川、谯、沛等豫州各郡落入前燕之手，故谢万回京便被贬为庶人。

谢万被罢职，谢氏在豫州也就没了根基。一个大家族，怎么能没有一个顶梁柱呢？出于重振门庭考虑，谢安决定出来做官。当时是升平四年（360年）八月，谢安已到四十岁了。

谢安出山的第一步，是在桓温的军府里当司马。

他之所以出任桓温的军司马，自有两层考虑。

一是急于代表陈郡谢氏修复与桓温的关系。谢安很清楚，谢万被废的幕后主使就是桓温，目的是夺去陈郡谢氏豫州的地盘。而此时陈郡谢氏既已丢了豫州，自然更无法与桓温相抗衡。所以，明智的做法，就是投入桓温的幕府，表示陈郡谢氏的臣服，从而修复因豫州问题而引起的两家间的紧张关系，为陈郡谢氏的东山再起赢得时间。

二是危难之际，责无旁贷，主动出仕维护家族利益。以前，谢尚、谢奕、谢万叔侄三人先后坐镇豫州，陈郡谢氏有地方实力为保障。谢安自然可以终日喝酒清谈，以图玄学高士的美名。可如今，丢了豫州这块地盘，陈郡谢氏成了没有地方实力依托的高门，家族地位立刻变得摇摇欲坠。此时，已过四十岁又有高士美名的谢安，自然责无旁贷，必须出仕，以图用功名，匡扶家族。

尽管谢安的出山有着太多充分的理由，但他早年做隐士，中年却出仕为官的行为，仍被许多名士认为是种悖德的行径。当他从新亭出发，准备赴桓温幕府赴任之时，很多朝中官员都来为他送行。这其中当然有很多是来看热闹的。三杯送行酒过后，中丞高崧就借着醉意，调侃起谢安来："您多次违抗朝廷的旨意，在东山上无忧无虑地躺着，大家常常在一起说，谢安不肯出来做官，他是怎么看待天下百姓的呢？如今您出来做官了，天下百姓又是怎么看待您呢？"谢安听了，也只是摇摇头，笑而不答。

“远志”与“小草”

桓温府里极其无趣，谢安每天做一些抄抄写写的工作，完全是大材小用。以前隐居东山，睥睨世俗，别人可能会对你肃然起敬；现在做起了小小的秘书，与常人一样上班下班，身上的光芒自然就消失了，时间长了，别人就不再那么高看你了。谢安心里有些失落：唉，何必在这受辱啊。

有一回，有人给桓温送来了一种草药，就是中药铺里常见的“远志”，其实“远志”是这味药的名字，这个植物名叫“小草”。

桓温随口问一句：“这个东西为什么有两个名字呢?”

参军郝隆赶紧凑上来说一句：“主公，这很容易解释，在山中就是远志，出了山就是小草。”说完还瞟了谢安一眼。

大家都是有知识的人，谁听不懂啊？谢安极其不爽，脸色难看极了。

这位郝隆是个狂人，最出名的事，是有一年七月初七，大白天躺在院子里晒肚皮，人家问他：“你干吗呢?”他说：“我晒晒肚子里的书。”这人真是自大得可以。

郝隆在桓温麾下做南蛮参军。三月三日，桓温举行宴会，大家饮酒赋诗。不能作诗的，罚酒三杯。开始郝隆因不能作，被罚三杯酒。

喝完酒，郝隆拿起笔来写了一句“娵隅濯清池”。桓温问：“娵隅是什么东西?”郝隆说：“蛮人把鱼叫娵隅。”桓温有点不理解：“作诗为什么要用蛮语?”郝隆说：“我从几千里外跑来投奔你，才得了个南蛮参军，怎么能不说蛮语呢?”桓温大笑。郝隆用这种方式表达了对桓温不重视自己的不满。

郝隆就是这么个人，嘴上不留情。谢安面对他人的冷嘲热讽，始终采取了回避的态度。因为他知道再就这个问题争辩下去，恐怕已无多大意义。现在，为了家族利益，他只有横下一条心，图谋仕进。

当然，早年做隐士，标榜清高，后来又出于种种考虑，出山做官的，绝非谢安一人，这其实是中国历代知识分子的一个普遍现象。这种现象，后来被人称为“终南捷径”，其中典故由来的一段话，颇具代表性。其辞如下：

唐朝人卢藏用想入朝为官，就一直隐居在京城长安附近的终南山，并在此处取得了著名隐士的声望。后来，他果然因高名而受到皇帝赏识，从而平步青云，被人称为“随驾隐士”。之后，另一位著名隐士司马承祯也被征召，卢藏用就用手指指着终南山说：“这真是个好地方啊。”司马承祯听后，缓缓地说：“依在下看，这是升官的捷径啊。”说完，两位老友，相对会心一笑。

所谓条条大路通罗马，“终南捷径”也并非一个贬义词，历史上包括姜子牙、诸葛亮、王猛、谢安在内的许许多多名臣走的都是这条路。所以，标榜清高也好，在意功名也罢，只要能最后建功立业，是靠什么步入官场的，其实并不重要。

虽然，谢安的东山再起，是逼于无奈，但他的智慧与努力却为他

换来了个人与家族事业的最高峰。

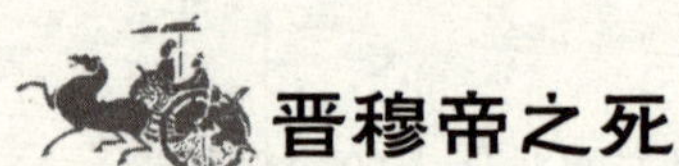

晋穆帝之死

升平五年（361年），晋穆帝司马聃死了，这位皇帝从两岁登基，刚到十九岁，可以按体制独立执政的时候，却离世而去。

司马聃，字彭子，东晋第五代皇帝，是晋康帝长子，他的母亲是大名鼎鼎的褚蒜子、日后长期主持朝政的褚太后。司马聃帝死得蹊跷，但是晋朝皇帝在权臣掌控下，像走马灯似的，非正常死亡的情况屡见不鲜。

新皇帝叫司马丕，是成帝司马衍的儿子。成帝司马衍与康帝是同胞兄弟，成帝死时庾冰出于私心，没有立司马丕，现在穆帝无子，褚太后反过来立了司马丕。

换上新皇帝的第一年，桓温上了一道奏章，提议中央政府迁回刚刚被桓温收复的旧都洛阳。洛阳这时早已成为东晋与北方各国拉锯的地带，一会儿属你，一会儿属我，几经屠城之后，早已万物萧条，百姓星散，这时迁都洛阳，是极其不合适的，毕竟首都不是将军的中军帐，打到哪里，安营扎寨在哪里。如果迁都成功，整个中央都要依赖桓温的军事保护，王朝就要受制于桓氏家族。但是朝廷里没人敢提出异议。虽然王述说明同意迁都的理由，但这个理由毕竟过于不负责，不能作准。

皇帝之死和桓温迁都，两件事看起来没有瓜葛，但联系起来，意义就多了。我们可以大胆假设，小心求证，看看司马聃到底怎么死的：

第一种可能是桓温做的手脚，这个可能性很小。桓温虽然是前任皇帝的女婿，但势力还没有到达中枢，更何况宫闱。而且桓温作为既得利益者，皇帝换人，朝中势力重新洗盘，对他也没有什么好处。

第二种可能是朝廷权臣政变，这个可能性稍高。小皇帝在位的十七年，刚好是桓温势力崛起的黄金期，皇帝不可能不受桓温的影响；而皇帝的独立执政，等于削减了朝臣权力。但这个理由也讲不通，因为如果朝臣真有这心思，其后也不必立个二十岁的司马丕继任，干脆再立个两岁的小王子更省事。

第三种可能就比较复杂。有经验的人都知道，大臣请皇帝决策，奏章其实是过场，一定需要事先的沟通，桓温的动议，其实是摸新皇帝的底牌，给新皇帝难堪。

经过比较还是朝臣动手的可能性高：第一，如果是桓温动手，那么以他的性格，不会一下子就提出动议，显得自己巴不得前皇帝早死似的。第二，桓温这么早就提动议，显得对新皇帝没有什么信心，而且对前皇帝之死也有点小道消息。拥护新皇帝的人，一般跟前皇帝之死脱不了干系，所以如果有人胆敢公然反对桓温，那么他就可以借题发挥，追究司马聃之死，甚至可以“清君侧”（后来，这个皇帝没当多久，果然被桓温给废了）。

无论怎么样，这件事都给谢安带来很大的震撼，因为朝廷与桓温

的对立公开化了，朝臣表面顺从，但暗流涌动。

谢安在桓温军府工作时间并不长，很快，他应朝廷之请，担任吴兴太守。

这个官职不大，但却是非常重要的职位，代表了朝廷对于谢安的重新认可，而且对于他列位中枢、管理国民经济也是一项很重要的历练。

桓谢交锋

司马昱这一死不打紧，马上产生了一系列重大法统问题：传位给谁？司马昱的皇位是桓温给的，当初桓温费了许多劲，又废司马奕，又扶司马昱，目的很明显，就是要司马昱做过渡皇帝。现在司马昱要死了，皇位要不要让出来？

桓温三次北伐，枋头兵败

谢安回归中枢之前的日子里，朝廷发生了几件大事。尽管谢安都没有在事件中心，但对于他后来的处境有深远的影响。

第一件事是隆和二年（363年），皇帝加征西大将军桓温侍中、大司马、都督中外诸军事、录尚书事。“大司马”就是最高军事长官；“录尚书事”相当于主持政务。这时的桓温，权倾朝野。

桓温的心病就是掌内政，这下得偿所愿了。作为一个强者，桓温曾经感慨道：“男子汉不能流芳百世，也应当遗臭万年！”

有个不凑趣的术士杜灵，号称能预测人的贵贱，桓温问他自己的官位能到什么地步。杜灵说：“明公的功勋举世无双，官位能到大臣的顶峰。”桓温听后很不高兴。

桓温现在需要一个时机，一个当皇帝的时机。这个时机会不会来，要看他能不能给天下人找到一个理由。

桓温决定进行第三次北伐，在前两次北伐中，桓温都大胜而归，名利俱收，所以他希望通过此次北伐胜利的光环，让皇帝给他加九锡，然后再逼皇帝禅让，登上九五至尊。

桓温这也是跟司马家学的，当年司马炎就是逼曹魏皇帝退位才有了天下。上梁不正下梁歪，怪不得孔夫子说："始作俑者，其无后乎?"

太和四年（369年）四月，大司马桓温率步骑共五万大军，从姑孰（今安徽当涂县）出发，开始他规模最大的第三次北伐。六月，桓温抵达金乡（今属山东），这时天旱，河道水浅，水运困难。桓温大军是坐船沿河道前进的，这样做的好处一来是士兵不易疲劳，二来运粮方便，三来因为前燕的水军微弱，不易受到攻击。但河里要是没有了水，这些好处就都享受不到了。于是桓温命冠军将军毛虎生，从巨野泽（当时是山东境内的一个大湖泊，今已不存）挖掘长达三百里的运河，将汶水（今大汶水）与清水（古济水）连接，引黄河水入清、汶。

这个时候，桓温的首席谋士郗超，向桓温提出两条重要建议。郗超说："汶水、清水、黄河这条通道太过于脆弱，水量小，运输困难，依托此道稳步北上的话，如果燕军坚守不战，又像秦人一样坚壁清野，我们的补给很可能跟不上，那时情况就麻烦了。不如干脆放弃水道，全军只带必要的干粮，沿陆路轻装疾进，避开要塞，直扑邺城（前燕都城），他们慑于公的威名，惊慌之下，很可能弃城北逃，遁回辽西。如果他们仓促应战的话，正好一举将其主力歼灭。就算他们固守邺城，也一定来不及坚壁清野，这样城外的庄稼和民众，就都是我们的了！如果桓公觉得这么做太冒险的话，不妨就在这里停止前进，修筑要塞，花一年工夫在这一带囤积粮食、辎重，等到明年夏天，再行进攻。这样做虽然迟缓，但可立于不败之地。舍此二策不用，却挥军北上，进攻时不能速战速决，那么时间一旦拖到秋冬，不但水量更少，而且北方天冷，士兵们冬衣不足，那时需要担心的，就不只是粮食了。"

尽管桓温对郗超一向很器重，但对他的这两条建议都没有采纳。桓温不采纳第一条建议的原因很好理解：太冒险了，一旦只带少量干粮迫近邺城，如果交战不利怎么办，想回来那就难了！现在的水道虽然不很理想，但毕竟是一条生命线，顺利的话可凭之进攻，不顺利的话，要撤回来也有依托。别忘了，桓温对没把握的事，可是从不下注的。桓温不接受第二条建议的原因就有点让人费解了，第二建议比桓温自己执行的方案更加稳重、谨慎，更像桓温的用兵风格，那他为什么还弃之不用呢？笔者猜想，原因恐怕还是顾忌朝中的反对派，担心自己长期既不在朝，也不在荆州大本营，他们会乘机攻击自己。这种事，连他的敌人都是看得很清楚的，此时的前燕大臣申胤就说过："桓温北伐破燕这件事，是东晋众臣所不愿看到的，一定会在暗中百般阻挠破坏，拖他的后腿。"要避免后方生变，桓温就得尽快打完这一仗，而过于谨慎的用兵风格，又不允许他采用郗超的第一策，另外他对自己指挥硬仗的能力，还是有信心的，所以两难之下，他最终只好选择了郗超认为的下策。

七月，桓温首开战果，攻克湖陆（今山东鱼台县东南），生擒前燕守将，宁东将军慕容忠。燕主慕容玮任命下邳王慕容厉为征讨大都督，仓促调两万兵马，与桓温在黄墟（今河南兰考县东南）交战，大败，全军覆没，慕容厉一个人单马逃回。随即，前燕高平太守徐翻向晋军投降。晋军前锋邓遐、朱序又在林渚（今河南新郑县东北）打败燕军。慕容玮慌忙任命自己的哥哥乐安王慕容臧接替慕容厉率各路军马阻截，但晋军势如破竹，慕容臧无法招架，节节败退，只好又派散骑从侍李凤，前往前秦求救。七月，桓温进驻武阳，前燕故兖州刺史孙元，起兵响应桓温，桓温乘胜，进抵枋头（今河南浚县东南淇门渡），距离邺城，已不过百里。邺城里的皇帝慕容玮和太傅慕容评，闻知大惊失色，已打算逃回故乡龙城，将中原拱手让出了。

这时有个人站出来慷慨说道："大燕帝国毕竟是慕容家数代英杰努力的结晶，怎能忍心看着它灭亡？请让我来打一仗吧，如果我输了，你们要逃，也还来得及！"说这句话的是慕容垂，他是前燕文明王慕容皝第五子。他身长七尺七寸，气宇轩昂，手垂过膝，慕容皝对其甚是宠爱，常对诸弟说："此儿阔达好奇，终能破人家，或能成人家。"后来想以其为世子，后被群臣进谏而止。

本来，慕容玮和慕容评都是非常不愿意让慕容垂掌兵的，但毕竟现在火都已经烧到屁股了，万般无奈，只好准了，让慕容垂接替慕容臧任南讨大都督，统率各处马共五万人抵挡桓温。然后，慕容垂紧急上书推荐司徒左长史申胤、黄门侍郎封孚、尚书郎悉罗腾参与军事。因为处在危难当头，慕容玮和慕容评也只好准了，但对慕容垂乘人之危任用私党，心中感到愤怒。慕容玮好像对五叔的信心也不是很足，所以又派出散骑侍郎乐嵩二度到前秦求救，并极为草率地提出，只要前秦出兵相助，前燕就将包括洛阳在内的虎牢关以西的土地割让给前秦。既然有这么大的好处可捞，秦王苻坚遂命大将苟池、邓羌率兵两万进至颍川（当时属前燕，今河南禹县），以观成败。

枋头是当时黄河上重要的渡口，从这里往北到邺城，虽然路程不长，但就再也没有水道可通了。桓温到达这里后，停顿了一下，大概推进太快造成补给有些脱节，也可能希望前燕内部有更多的人响应，像孙元那种情况的。这一停顿之间，慕容垂已进抵枋头，这两位用兵

大家，沿黄河对峙。两人的对垒，先进行了一些小规模的前哨战，给晋军担任向导的段思，与刚刚得到慕容垂提拔的燕将悉罗腾交战，被悉罗腾生擒。桓温又派原后赵降将李述出击燕军侧后，但又被悉罗腾击斩，晋军的攻势被阻止。

汶水、清水、黄河这条水运路线，随着入秋降雨量的减少，果然很快就不出郗超所料的运行不畅了，不过桓温也是有备用方案的。他早已命令豫州刺史袁真，进攻谯郡（今安徽亳县）、梁国（今河南商丘），凿通石门（今河南荥阳县前），连接睢水与黄河，用以运粮。袁真成功地攻克了谯郡、梁国，但石门一时还未能凿开。

慕容垂小心翼翼地打了几场小胜，扭转屡败之势，稳住阵脚之后，立即将手下骑兵一万五千人交给弟弟慕容德，让他越出桓温之后，紧逼石门，以阻挠晋军的开凿；自己仍然留在枋头牵制桓温本部。桓温可能没有得到这个情报，或者几次小败之后，感到与慕容垂决战没有把握，没有乘燕军分兵之机出击慕容垂本营，还在等待袁真部和补给的到来。九月，石门会战，慕容德部击败袁真部晋军，桓温的备选方案完全失败。这样，枋头桓温大军的处境就不大好了，拖在这里，粮食只会越吃越少。前进，他又没有打败慕容垂的把握；剩下的只能是乘着军粮还不太紧张的时候全师而退了。九月十九日，桓温命令焚烧舰船和带不走的辎重，因为原先过来的河道水位下降，这些船已经开不回去了。全军由陆路向南撤退。

前燕众将得到这个消息，都争着要追击，但被慕容垂阻止，对众将说："温初退惶恐，必严设警备，简精锐为后拒，击之未必得志，不如缓之。彼幸吾未至，必昼夜疾趋；俟其士众力尽气衰，然后击之，无不克矣。”慕容垂倒也没打算就让桓温这么安安稳稳地回去，但他很清楚，桓温精通兵法，警惕性很高，一定会以精兵断后，慢慢撤退，晋军也没有打什么大的败仗，士卒也不疲惫，粮食也还能支持，就此追击，胜负难料。总之，桓温大军还没到可以攻击的时候。等他走出相当路程，特别是眼看就能回到家的时候，防备必然松懈下来，快速回奔，所谓归心似箭，没有作战的意志，只想回家，又十分疲劳，那时候就好打了。《孙子兵法·始计篇》中说：“兵者，诡道也。故能而示之不能，用而示之不用，近而示之远，远而示之近。利而诱之，乱而取之，实而备之，强而避之，怒而挠之，卑而骄之，佚而劳之，亲而离之，攻其无备，出其不意。此兵家之胜，不可先传也。”简单地翻译过来，就是说：有能力要装作没能力，要打的要装作不打，打这里要装作打那里，对方贪心就利诱他，对方强大就防备他，对方易怒就挑拨他，对方谨慎就让他骄傲，对方体力充沛就让他劳累，对方内部团结就设法离间，要在对方没有防备的地方和没有料到的时机进攻。这些原则，被慕容垂毫不吝啬地送给了桓温。

桓温的大军不是不疲惫吗？那就想办法让他们累一点。燕军放出风来：桓温撤退路上的河流、水井都已被慕容德军下过毒。其实未必都下了毒，这只是一种心理战。但生性谨慎的桓温宁可信其有，沿途命令士兵“凿井而饮”。这样，桓温的大军一边撤退，一边打井，就这样南撤了七百里。而慕容垂则把步兵留下，只率八千骑兵在后面慢慢地跟着，与桓温保持着相当的距离。他这样做，就是要保持己方军队的体力，好在大战时收到以逸击劳的效果，同时麻痹晋军，给他们造成燕军不敢追击的安全感。

古代，正常情况下步兵一天可以行军五六十里。这样，700 里的路程够他们走十多天。渐渐地，攻其无备的时机已经成熟，而出其不意的打击地点，慕容垂选择了襄邑（今河南睢县）。尽管历史习惯称此战为“枋头之战”，但实际上在枋头发生的，只是对峙，真正大战发生地点，是在襄邑。事先慕容德在桓温南撤时已离开石门，利用骑兵在机动上的优势，早早赶到襄邑，设伏以待。这次会战，燕军参战兵力一两万人；桓温率五万人北伐，虽有小挫但损失不大，此时兵力当在四万以上。兵力上晋军占优，但燕军是养精蓄锐，以逸待劳，晋军是疲惫之师，归心似箭。在慕容垂、慕容德两兄弟的突袭下，晋军大溃，阵亡超过三万人。前秦的援军也趁火打劫，桓温再败，又损兵近万。

桓温枋头大败后，深以为耻，太和六年（371 年）正月，桓温攻克寿春，他很高兴地问郗超：“这一战可以雪枋头之耻吗？”

郗超说：“没有。”

过了许久，郗超对桓温说：“明公您承担着天下的重任，如今以六十高龄，却在一次大规模的行动中失败，如果不建立非常的功勋，就不足以镇服、满足百姓的愿望！”

桓温说：“那么该怎么办呢？”

郗超说：“明公不干伊尹放逐太甲、霍光废黜昌邑王那样的游戏，就无法建立大的威势与权力，镇压四海。”

桓温历来怀有此心，对郗超所说的深以为然，于是就和他商定计议。

那么如何罢免皇帝呢？不久，文武百官中悄悄流传着一个内幕消息：皇帝司马奕不能生育，还让身边的宠臣与自己的后宫美人淫乱，还生了三个儿子，而且这些冒牌龙种还将被册立为太子，准备继承晋室天下。

这还了得，皇室要改姓了，国家要变色了。

桓温“被迫”出手干预了。他面见早已退居后宫不管事的褚太后，请求废黜司马奕，立丞相、会稽王司马昱为皇帝，还草拟好诏令，只等褚太后签名。

褚太后也不是等闲之辈，看了下，就明白其中曲折，来个顺水推舟，说：“我自己本来就怀疑是这样！”看了一半，又说：“不幸遭受了这样的种种忧患，想到司马家死去的人和活着的人，心如刀割！”这话表面是附和桓温，其实也是为司马家悲叹。

太和六年（371年），在桓温的操作下，东晋换了新皇帝——司马昱，也就是简文帝。司马昱本是丞相，分管内政，是朝中除桓温外最有实力的人，但是有证据表明，他与桓温之间暗通款曲。桓温的如意算盘是，司马昱为人唯唯诺诺，很听话，他上台后很快就可以把帝位传给桓温。

但是桓温没有算到的是，司马昱被桓温的气势吓坏了，总担心自己什么时候被人做掉；为了自保，不得不重用谢安等人来牵制桓温。

司马昱驾崩

司马昱弥留之际，曾发诏说，希望“大司马温依周公居摄故事”，意思说，你可以学习古代的周公摄政前例，由你掌大权，但皇帝还是由我们司马家人当；如果不行的话，“少子可辅者辅之，如不可，君自取之”，也就是说，实在不行，你自己当皇帝也行，总之，这么个天下，你看着办。

司马昱和桓温相交相争多年，最了解桓温心思。他想以退为进，让桓温很犯难。所谓禅让，有几步是不可少的，第一步是皇帝要下诏让位，受让的人要假惺惺推辞一番，然后皇帝“强迫”受让者必须继位。司马昱说让桓温“自取”天下，依例桓温要推辞，现在司马昱算准自己命不长了，等桓温的表呈上来，自己早就驾崩了，没有了皇帝的“固让”，依政治习俗和桓温的性格，总不能对孤儿寡母下手，当年西晋开国祖宗司马懿，就是因为欺负曹芳孤儿寡母，夺了人家天下，结果落得一生骂名，甚至司马家的后来也引以为耻。作为司马家的女婿，司马昱相信桓温对这一段历史了如指掌。

所以到这一步，桓温就走了死棋。桓温要当皇帝，就得再等一段时间，时移势易，到时候形势还不定如何呢。所以这是绝地求生，没有办法之中的办法。

不过，话说回来，政治最无情。在权力面前，谁都不能保证桓温会不会将计就计，趁机当了皇帝，要真那样，局面就不可收拾了。

恰巧，这个诏被侍中王坦之截住了。王坦之赶紧跑到皇帝病榻前，当面撕毁了诏书。皇帝说："天下，傥来之运，卿何所嫌？"意思说，我这个皇帝是撞大运得来，要不是桓温，我哪里当得上皇帝，所以呀，桓温如果想要就要，爱卿啊，就算了吧，有什么好说的呢。

皇帝话里有话，其实是试探王坦之的态度。

王坦之坚定地说："天下，宣、元之天下，陛下何得专之?!"宣是指司马懿，司马氏尊他为晋朝之始祖，元是指司马睿，是东晋的开国皇帝，王坦之这句话的表面意思是说，这个晋室天下是你的祖宗打下的，不是你个人的，所以不能说你给别人就给别人。这是帮皇帝找理由。

东晋王朝是"王与马，共天下"，当年王家扶助司马睿奠定东晋局面，也是立了大功的，没有王、郗、谢这些蓝血贵族，司马氏能到今天。现在这个江山，王家也有份儿啊，您不能说给桓温就给桓温。

几十年来，王、马风雨同舟，虽然共同打天下，但是姓王的基本上还是遵守臣子本分，皇帝始终还是司马家的，有王家的坚定支持，司马家天下就有得依靠。

皇帝要的就是这句话。

皇帝就立马叫王坦之更改诏书说："家国事一禀大司马，如诸葛武侯、王丞相故事。"

然后，皇帝放心死了。

这个遗诏最终意思是，权力都交给桓温，但不给名义。其实权力对于桓温来说，已是囊中之物，他现在要的是皇帝名义。这个诏书自然让桓温大怒，他把账算到出头的几个大家族头上，准备来日再收拾他们。

皇位不让给桓温，依例是皇帝长子司马曜接班，由桓温辅政。

桓温接到皇帝“国事家计，一托于公”的诏书，不知道皇帝葫芦里卖的是什么药，所以坚决辞谢，不去首都，还写信给皇帝，请谢安、王坦之代他自己。这封信，一方面可以理解为他是故作姿态，循例要推辞一番；也可以理解为桓温自负甚高，觉得自己不应是辅政，而应当直接当皇帝；当然，这也是把球踢给王、谢，想以此观看王、谢家族的反应。最关键的原因是桓温想试探朝廷虚实，看看到底皇帝是真病还是假病，当时桓温不在首都。

作为政治家，桓温一生过分谨慎，这是他最大的弱点：他前半辈子的成功，大部分是运气的原因；但是后半辈子，出了个运气比他还好的谢安，就事事无成了。当年桓温成名立万之作是永和三年（347年）消灭成汉李势政权之战，这次的战争胜得像神话一样，当时桓温大军兵临成汉首都成都城下，成汉部队顽强抵抗，流箭不断，其中一个流箭还直射桓温马前，把他吓得魂不附体，以为成汉部队异常强大，就想着先保存实力，徐图后计，所以就赶紧下令退兵，结果击鼓的士兵糊里糊涂地把退兵鼓敲成进军鼓，晋军猛烈进攻，一举就拿下成都，成汉皇帝投降，桓温于是名声大噪。有时候，人的成功也靠运气。桓温前半生战功卓著，有能力的因素，也有运气的成分，但不幸遇上了谢安，运气大坏。

话说回来，桓温的荐举信送到朝廷后，王、谢一定不敢接受。因为桓温既是皇亲国戚，又是权倾一方的大司马，在朝在野，都是辅政不二人选。桓温把球踢过来后，王、谢能做的选择是：高调还是低调。不是请不请的问题，而是如何请的问题：如果高调请桓温辅政，那么就意味着王、谢态度坚决，认为桓温不能改朝换代，桓温只能辅政；如果态度暧昧，就是说他们对桓温还是很忌惮的，那么桓温就可以高调要求晋室改姓了。

但是桓温这封信，皇帝没看到就死了，桓温一刀杀将过来，捅进了棉花堆里，不仅桓温没杀对人，旁观者也不知道虚实。现在政局迷茫，几方势力搅入其中。大臣们反而不知所措，不敢立嗣。有的还说，要等大司马下决定，意思是等待桓温作出是否自取的决定；桓温不取，才能立太子即帝位。

在这样的紧急关头，王、谢等大家族的态度非常重要。琅琊王氏的王彪之站出来了，说："皇帝死了，皇太子继位，这是天经地义的事，大司马哪里会有意见?！如果我们去问大司马，一定会被骂。"你们大家不能陷桓温于不义。

有王彪之出头，其他人就顺着杆子往上爬。在司马昱驾崩当日，火速立司马曜为太子，几天后又马上拥太子即皇位，根本不给桓温可乘之机。司马家的天下暂时保住了。

司马曜就是东晋在位时间最长的皇帝孝武帝，身世很传奇。司马昱原配是王坦之的姑姑，还生了两个儿子道生和俞生，嫡长子道生是世子，本来可以继承家业，但兄弟俩不争气，都是败家子，被司马昱废了世子，后来都夭折了。然后司马昱又生了几个男孩，祸不单行，

都是早夭。司马昱很着急，觉得后果很严重，叫看相的人把家人妻妾都相了一遍，直到在织布车间里看到一个干粗活的宫女，长得又黑又高，外号叫“昆仑”。看相的终于惊叫，就是这女的啦，司马昱赶紧闭眼叫这女人一起睡觉，真的就生了两个儿子——一个就是司马曜，后来当了皇帝；一个是司马道子，后来当了丞相。

司马曜的皇位得来全不费工夫，安安稳稳地当了十五年皇帝，有谢安给他撑着，真是太幸福了。他的死也很传奇。史书上说他常为彻夜之饮，在华林园甚至对着划空而过的太白金星，举酒祝之曰：“长星，劝汝一杯酒，自古何有万岁天子邪！”太元二十一年（396年）九月，司马曜在宫内清暑殿中与宠爱的张贵人一起饮酒，灌多了黄汤的司马曜，已有七分醉意，还要张贵人陪他对饮。张贵人已经酒足，极力辞谢。司马曜面露愠色，半真半假地发起了酒疯：“你当年是因为美貌才被封贵人，如今你年近三十，美色大不如前，又没生孩子，白占着一个贵人的名位，明天我就废了你，另选新人。”说到这里，又大口呕吐，喷得张贵人满头满身都是。在这之前是他的王皇后，酗酒之后吐他一身，如今他吐张贵人一身，也算是泄愤吧。然后，司马曜烂醉如泥，沉沉睡去。

司马曜的一通酒话对张贵人来说，却无异于晴天霹雳。张贵人自从得宠以来，恃宠生娇，从来没有受过如此训斥、羞辱；她又嫉妒成性，俗语说的“酒后吐真言”，何况司马曜好色，她对皇帝的这席话自然是宁可信其有，不会信其无的。想到自己多年来小心翼翼的服侍，却将要换来打入冷宫甚至被赐死的下场，顿时起了杀心。

于是她召来心腹宫女，乘司马曜熟睡之际，搬了几床大被子捂他，很久，司马曜还没死，然后又挣扎起来，两个宫女搬来一个大石头，砸了一下，司马曜就晕了，然后又用石头压住，把还在睡梦中的司马皇帝给活活捂死了。

可怜无辜的司马皇帝，只因酒后开了个小小的玩笑，丢掉了几辈子才修来的一条皇帝性命，成为千古奇谈。据说，次日，张贵人谎称皇帝于睡梦中“魇崩”，竟得以瞒天过海。一说，张贵人自知犯下滔天大罪，遂拿出重金贿赂司马元显及其左右，果然其效如神，司马元显竟对伯父之死不做任何追究。新皇帝司马德宗是个白痴，连自己吃饱没有都弄不明白，当然更不可能提出任何疑问。不久，张贵人趁着皇宫一片混乱的机会，带着金银细软逃走了。

言归正传。从司马昱死，到司马曜当皇帝只有五天时间，特别是司马昱下遗诏、司马曜当太子、司马昱驾崩三件事，发生在一日之间。而这所有事情的过程中，好像都没桓温什么事，也就是说，他的命运是被别人所左右了。

为什么皇位得以顺利交接，桓温没能直接篡位？

这可能有三个原因：一是桓温在朝廷里内应不足，要害官职、得力人士只有一个任中书侍郎的郗超；桓温其实还安排弟弟桓秘当中领军，原来是想让他监视皇帝动静，但这家伙显然失职，桓温非常生气，后来桓温在处理天师道叛变问题中，借故免了他的职。二是枋头之败后桓温气势有所衰降，不敢贸然行事。第三个原因，如朱熹所说，桓温这个人兵痞子气不够，虽然是武将，但还是秀才底子，最终拗不过一帮真秀才，终于饮恨而死，到了他儿子手里，没有这么多臭讲究了，就真的夺了人家的天下。

在这一系列事件中，谢安虽然没有抛头露面，但是处处有谢安的影子在里头：第一，谢安是当时首都名气最响的人物，结交权贵众多，关系密切，而且身居高位，这一切说明他的影响力举足轻重；第二，同为侍中，并且是亲家，王坦之改诏的事，谢安肯定出过主意。

对于王、谢等人的小动作，桓温点滴在心头。第二年二月，桓温来朝，点名要找王坦之和谢安，准备杀人。

天师道叛乱

在桓、谢正式会面之前，建康发生了一场天师道叛乱。

天师道在东晋是最大的道教流派。当时的道教流派有三个，另外两个是上清派和灵宝派。人们熟知的葛洪就属于灵宝派。在葛洪的著作里，世界充满了美丽的仙人、奇妙的丹砂、神秘的真气，光辉灿烂，那些邪恶的鬼魅只能躲避在阴暗的角落里。但在天师道里，鬼和人一起分享这个世界，人们用巫术取悦鬼、制伏鬼。在天师道里，信徒把自己奉献给信仰的团体，甚至愿意为其舍弃生命。狂热的幻想支配着信徒，这种幻想可以点燃野蛮的内心火焰。

按照天师道的说法，其创始人是被后人尊称为天师的张道陵。此人本是东汉太学的学生，后因想长生不老放弃了专业课儒学经典转而学习道教方术。他运气非常好，不仅得到了《黄帝九鼎丹法》，而且碰上了太上老君。他用一千天学会了种种仙术，又用三年炼成了仙丹。他对弟子们说："我吃了仙丹以后马上就能飞上天当神仙，但我不忍心，我总要出来为大家做点儿事，给大家谋点儿好处。"于是，他放下仙丹不服，使出手段降伏了六天界的数万魔鬼并与他们立下盟约："人主于昼，鬼行于夜，阴阳分别，各有司存，违者必加诛戮。"从此，阴阳两界悬隔异域，和平共处。

据说张道陵活到一百多岁才吞下仙丹拔地飞升。他一手创立的天师道传到孙子张鲁手中才真正成了一个组织严密、规模宏大的教团。因该教规定凡入教的人都要交纳五斗米，所以又叫"五斗米教"。当然，信徒们并不是交了五斗米的入会费就可以一劳永逸，还要交纳租米钱税。这既是一种宗教献金，也是一种日常捐税。天师道组织非常严密，刚入道的称为"鬼卒"，资深的则称为"祭酒"。统辖辖区内的信徒，其地位类似于政府委任的地方官。信徒多的祭酒称为大祭酒，祭酒是人间的官，据说还有阴官，虽然信徒们肉眼看不见，但他们的存在有助于维护秩序。天师道的最高领袖称为"师君"。

天师道的祭酒对信徒从财产到房事都有发言权。对于古代人来说，国家政权所提供的最基本公共服务有三项：军事力量、司法和社会救济，但往往做得很差。这些天师道都做得很好。比如军事，一旦战争到来，"鬼卒"们便迅速转化为战士，每人领个咒符就上阵杀敌。更妙的是，所有信徒都能召唤神灵阴兵，且召唤的规模非常庞大，最多时一个人可召唤 110 万大军。有众多阴兵助阵，天师道便可率士卒们放下包袱奋勇杀敌。何况为圣教牺牲，还能成仙呢。天师道的祭酒不

但是信徒的宗教指导员和税务员，而且是教徒的医生和法官。教徒如果得病，祭酒不会认为他身体受到病毒的侵害而是说他干了坏事。要想痊愈，病人要拖着病歪歪的身子跟道众交心，做自我检查、自我批判，忏悔自己犯的各种过失。祭酒还会给信徒画个符，烧了以后让他们就着水吞下。这看起来似乎很荒唐，但对于那些付不起医药费的社会底层人士来说，有病“不必吃药，做做检讨就能好”的说法很有吸引力。如果教徒犯法，那么祭酒就可以自行动手惩治他，但惩罚之前，祭酒会原谅他三次，到第四次才会真正动刑。这种重教育轻惩处的行为据说卓有成效，深受信徒的欢迎。

天师道对于社会救济也相当关注。各地祭酒都设置义舍，类似于免费的公共食堂，且搞的是自助餐。祭酒从信徒上缴的财物中拿出一部分做义舍的开支，义舍里头有米有肉，路过义舍的人如果需要，可以自己进去拿，吃多少拿多少。如果你贪心，吃八两非拿一斤，那么鬼神就要给你降下灾祸，所以据说大家都不敢多拿。

有了严密的组织，还有军事力量、司法组织和救济机构，甚至有免费医疗，在功能上天师道完全可以取代世俗国家。如果让老百姓自己选的话，官府和天师道相比并不占优势。三国时期的官府，除了拼了老命征税就是拉壮丁打仗。你的房事虽然政府未必会插手，但是你遭了难官府也根本不会管你的死活。得了病，官府那里别说是药，连水也没有，饿了也没有吃自助餐的地方。在官府眼里，你不过是一些等待剪毛的老绵羊，但在天师道组织里，至少你还是一个信徒，一个教友。天师道至少能让你得到一些精神上的关怀，找到一种归属感。所以魏晋时期，天师道在整个中国广泛流行，规模扩展得相当可观；

尤其在东晋的江浙沿海一带不仅老百姓信，而且士族豪门也信。比如赫赫有名的书法大师王羲之就信奉天师道。

咸安二年（372年）十月，也就是新皇帝即位后的三个月，京城建康突发一件怪事，区区三百名天师道教徒聚众造反，诈称是一年前被废的司马奕回宫，竟然攻进了守卫森严的皇宫殿廷，还夺取武器库中的盔甲兵杖，最后出手镇压的是桓温派驻宫城的亲信部队、游击将军毛安之率领的机动部队。

这件事虽说风浪不大，但是反映出了两个问题：

第一，这件事表面是天师道干预皇权，实质是低层士族对高层士族的反抗。

天师道对晋室有很大影响力，简文帝自己字道万，后来生的儿子又分别叫道生、道子。本来，六朝人最重视家讳，父亲或祖宗的名字，儿子绝对要避讳，但是大家看六朝人物中，父子叫“之”，比如王羲之、王献之的大有人在，叫“道”的也大有人在。陈寅恪先生说，“这个原因可能要归于宗教信仰”。

天师道叛众，主要是社会的中下阶层。天师道领袖多半是北方望族，通常与朝中高官有千丝万缕的关系，所以容易得到同情和利用。天师道参与者也不只是一般平民，一部分是中原流民，还有一大部分是来源于富庶的三吴地区。晋室南渡，有策反传统的北方天师道势力也播迁到江东，并与江东土著道众结合。北方道众的很多人尝过权力滋味。但是过江之后，他们之中很多人地位、财富都不如从前，甚至沦为流民，新旧地位悬殊，这让他们比单纯流民更有可能发动政变。无巧不成书，这次叛乱之前，三吴地区还发生一场大旱灾，前一年人

民颗粒无收，虽然这是天灾，但政府税负不轻，民不聊生，江东道众更加觉得生活无望，南北方道众一合流，政变危机时刻存在。

对握有军权的士族来说，只要天师道问题一天不解决，他们的权力就可以一天不放手，所以天师道问题终东晋一世都没法解决。对于士族来说，无论是镇压天师道，还是亲自率领天师道众叛乱，都只是生存游戏而已。

天师道刚好利用这些因素，不断起来反抗。

第二，这次事件的实质是反对桓温。

首先，这次叛乱能够杀进内廷，直接跑到兵器库去拿兵器，肯定有内奸策应。有点常识的人都知道，在中国历史上，除了类似李自成这样以绝对优势兵力能攻入后宫的，在和平时期，没有高官默许和支持，以区区几百教众之力，根本没有办法在宫禁如入无人之地，如果没有内应，更不能知道内廷的兵器库方位。其次，这次叛乱人员是以废帝司马奕回宫为幌子，司马奕是谁废的？是桓温。所以政变实质是反桓温。再次，皇城那么多卫队，竟然只有桓温的人才出手镇压叛乱，可见传统势力大有市场。

不过，政变发动者的幕后支持者身份和目的很可疑。

可能是桓温自导自演的把戏，目的是提醒士族们，京城不能没有桓温。这样的例子很多，比如 1912 年南北议和，孙中山同意让袁世凯当国家元首，但是为了限制袁的权力，要求他离开老巢北京，到南京任职，为了促其南下，南京方面还派出迎接团队，结果南方代表一到北京，人家袁世凯阵营就自导自演了一出冲撞代表团的闹剧。闹剧过后，袁世凯就以北方离不开他为理由，赖在北京。

但这个可能性很小：一是京城不是桓温势力范围，如果是桓温所为，叛乱徒众纵横京城时，必定有其他力量阻止；二是这种行为不符合桓温性格。桓温为人谨慎，京城毕竟不是他能绝对掌控的地方，如果行动不慎，很容易引火烧身，得不偿失。当年袁世凯阵营之所以自导自演那场闹剧，很大原因是他们能掌控北京局势。

所以，这场叛乱的幕后推手极有可能是反桓势力，他们当然不是指望叛乱真的能成功：叛乱者只有三百人，不是职业军队，也没有后援，古今中外以这么少人造反能成功的屈指可数，简直是以卵击石，下场可见。

但是不论真相如何，这次叛乱，给了桓温陈兵首都的理由。

新亭风波

建康郊外的新亭，在现在的南京菊花台一带，面临长江，风景绝佳。晋室刚刚南渡后，那些北方移民经常到新亭摆饭局，其中有个名士感叹道："风景不殊，举目有江河之异。"意思是虽然现在风景也很好，但以前在故都洛阳，大家看的是黄河，现在大家看的是长江，景色相似，家园不同。这句感叹让在座众人触景伤情，大有感怀，纷纷落泪。

这个闹剧，让丞相王导很不满。晋室过江，是王导一手策划的，当时西晋嫡系诸王纷争，加上北方少数民族政权纷起，中原大地战乱频仍。王导当机立断，力劝司马睿过江，为北方士族留一片安静天空，要不是这样，现在新亭诸人也不知道要流浪到哪里去，现在这些人有吃有喝，欣赏着无敌全江景，还发牢骚，只顾回忆从前，真是是可忍孰不可忍！王导于是厉声喝道："大家要共同努力帮皇族，恢复中原，在这哭哭啼啼，成何体统?!"这个典故就叫做"新亭对泣"。因为有了王导的大喝一声，新亭就成了东晋的精神地标。

新亭不仅是官员吃喝玩乐、迎来送往之所，也是军事要塞。桓温到建康，必经新亭。

桓温把兵营驻扎在离首都不远不近的新亭，当然不是路过这么简单：一是离建康不远，对于朝廷大臣有充分的威慑作用；二是在政治上可进可退，陈兵新亭，就等于把球踢给首都诸人，关键看他们下一步的反应，走一步看一步，这很符合桓温个性。

桓温这一招果然有效。首都的干部群众人心惶惶，舆论对于王、谢很不利。尽管大家都知道，桓温杀王、谢只是幌子，目的是夺权。但是，人心惟危。在这样的情形下，人们还是很侥幸地认为，桓温可能仅仅只是想取王、谢性命而已。所以，太后赶紧把侍中王坦之和吏部尚书、中护军谢安推到台面上，让他俩代表皇室到新亭迎接桓温。

这才是真正的送羊入虎口。基本上，等于送死。先前勇敢无比、敢撕皇帝诏书的王坦之，首先吓得屁滚尿流。谢安劝道："晋祚存亡，决于此行。"这一行，不行也得行。这一行固然牵扯到晋室存亡，同样关系到自己的名声与家族兴亡。用脚趾头都可以想出来，如果王、谢不去的话，无疑就给了桓温“清君侧”的理由，桓温动兵，谁能挡得了?!

桓温的架子果然很大。王、谢到的时候，桓温还没有到。等桓温到了的时候，文武百官都在路两边跪拜迎接。简直是皇帝的待遇了。

桓温当仁不让，摆着架子，依次接见百官。因为知道来者不善，百官中“有位望者皆战栗生色”，也就是越是高官越怕得脸色发青，其中王坦之最搞笑，不仅汗流浃背被人看出来了，而且当官最重要的信物——手板也拿错了，竟然是倒着拿。这是大忌。

接着轮到谢安出场了。在全场静默的情况下，谢安“从容就席”，到台阶上就快步入座。

桓温的这次新亭相会，也学人家项羽摆“鸿门宴”，在帐后布了很多兵。谢安不愧为老江湖，不枉在桓温府里当了两年司马。他来个先发制人，说：“安闻诸侯有道，守在四邻，明公何须壁后置人邪?!”意思是说，桓公呀，你老人家有兵不去守四方，用来打自己人，算什么好汉。

桓温这个人，毕竟是个英雄人物，想篡位当皇帝，但又想要名声。他是既要面子、又要里子的一个人。当年他北伐时，经过金城，见年轻时所种之柳皆已十围，慨然曰：“树犹如此，人何以堪!”折下一根柳条，细细端详着，竟潸然泪下。可见他不是个大老粗，是个有文化修养、感情很丰富的人。

现在谢安摆明了不反抗，一个堂堂武将如若杀一个手无缚鸡之力的秀才，这在中国人的江湖上，是很可耻的，传出去后，桓大司马的面子就下不来了。

既然被谢安点破，桓温也只能尴尬地笑笑说，“不得不这样做呀!”这是一句搪塞话，不知所云，没有任何意义。有意义的只有一件事，就是他接着吩咐把壁后手持利刃的士兵撤去。

局势为之一缓。

桓温是枭雄，他把叛君的意思表达出来了，所以在正史里是逆臣。不过将心比心，桓温身上有许多大哥气质，还是很令人欣赏的。这也是谢安们可以与之委蛇，甚至倾谈数日的原因。谢安正是抓住了他的要害，让他无法突破，终于大业不成。谢安是够聪明的，但桓温其实也是很可爱的一个人。

这一次会面，不仅桓谢判出高下，王坦之与谢安也立判出高下，经此一役，决定着谢氏掌权十多年，而太原王氏需要再等十多年才有机会上位。

既然干戈已经撤去，玉帛接着重来。

谢安和桓温两个老朋友，于是暂时放下心结，好好喝酒、好好欢谈。谢安还模仿洛阳书生读书的声音，朗诵起西晋名士、晋朝人气最盛的名士嵇康的诗篇：

浩浩洪流，带我邦畿。

萋萋绿林，奋荣扬晖。

鱼龙瀺灂，山鸟群飞。

驾言出游，日夕忘归。

思我良朋，如渴如饥。

愿言不获，怆矣其悲。

朗诵的时候，意向高远，风姿特秀，像孤松独立，似玉山将崩。

百官之中，谢安卓然出众。他高远、镇定的形象，镇住了全场。全场能跟他对话的，只有桓温一人而已。而实际上，与桓温在一起，谢安也很快乐，一种高手之间才会有的快乐。

所谓知音难求，桓、谢两个当世无匹的高手，是对手，也是知音。从官场逻辑来看，作为对手，谢安与桓温的这场酒一定是口是心非，大家虽然面子上嘻嘻哈哈，内心里肯定暗藏杀机。如果真是这样，东晋也就没有什么风流可说了。所以我相信，这两个令人神往的高手，这阵子一定是放开心胸，用杯中美酒，浇各自心中块垒。

入幕之宾

郗超是桓温的忠实心腹。当年桓温立司马昱为帝之后，就派了郗超担任中书侍郎，执掌朝廷机要。但是因为桓、郗关系密切，朝中诸臣都很忌惮郗超。有一次谢安和王坦之一起拜见郗超，结果到晚上还没能找到机会，王坦之等不及想走，谢安说：“你难道不能为了性命，再等一等吗?”要知道，侍中是中央三省之一的门下省的主官，而中书侍郎只是三省之一中书省的副职而已，上级见下级，有这么难的吗?

由此可见郗超的影响力。

王羲之的夫人是郗家女儿，这个女人观察到，王家人对于谢安兄弟十分热情，反而对于郗家人十分冷淡，所以叫她的兄弟不要再来王家。没想到如今谢家人对郗家人却是如此毕恭毕敬，真是此一时彼一时。

再说桓、谢交锋之后不久，桓温和郗超商议撤换朝廷大臣的事，名单拟定后，当晚两人同一处安歇。第二天桓温一早起来，就叫谢安和王坦之进来开会，把拟好的奏疏扔给他们看。当时郗超还在帐子里没起床。谢安看了奏疏，一句话也没说，王坦之径直扔回给桓温，说："太多了！"桓温进入帐内，这时郗超在帐内与桓温窃窃私语。不幸帐子被风吹开，他一下子"显露原形"。谢安也不奇怪，只是幽默地取笑："郗先生真可谓是入幕之宾呀！"说得郗超满脸通红，哑口无言，桓温也在一旁尴尬不已。

可惜郗超早死，又跟桓温儿子桓玄合不来，所以没有留下什么大功业。

太元二年（378年）十二月，郗超去世，时年42岁。

郗超是桓温党羽，而其父郗愔忠于晋室。郗超临死时，为了不让郗愔伤心，取出一箱书信，对门生说："本来想把这些东西烧掉，又怕父亲年老又过度思念儿子，所以我死后，如果我爹吃不香、睡不好，可以把这箱书信给他，否则就烧了它。"

郗超死后，郗愔果然哀悼成疾，门生便将书交给郗愔，郗愔一看，里面写的都是郗超与桓温密谋的事，郗愔大怒说："小子死恨晚矣！"从此不再哭泣。

桓温之死

桓温入京，依照臣子的本分，拜谒司马昱的墓。

桓温与司马昱两人一文一武，共事几十年，直到一个当了有名无实的皇帝，一个成了权倾朝野的实权人物。两人既有姻亲之情，又有宾主之谊，既是盟友，又是对手，现在墓里墓外，斯人已矣，天人永隔。

桓温情不自胜，前尘往事，历历在目，不免百感交集。

桓温与司马昱相争多年，屡屡过招，自然知道对方分量。谢安评价司马昱只会清谈，但司马昱能纵横政坛几十年，历居高位而不倒，自然不是简单人物，当年大司马桓温、丞相司马昱和太宰司马三雄共掌朝政，结果桓温帮助司马昱当上皇帝，而桓温却是想置司马于死地而后快，可见司马昱的手段。桓温一世枭雄，雄视天下，却很难摆平司马昱这个“柔道高手”。没有司马昱跟桓温周旋出来的空间，王、谢诸人也没有办法力挽狂澜。

司马昱做皇帝不满一年，事迹不多，而且多为后人嘲笑，不过仔细琢磨，虽不中看，但很中用。当年司马昱刚刚坐上皇位，大功臣桓温自然飞扬跋扈，趁机剔除异己，准备对政敌赶尽杀绝，司马昱使出

妇人手段，在桓温面前大哭。纵横天下、杀人无数、信奉男儿流血不流泪的桓大司马，什么时候见过这场景，慌得手足无措，无话可说。

接着，桓温逼司马昱杀太宰、武陵王司马，司马昱不肯，在桓温苦苦相逼下，司马昱放话说："若晋祚灵长，公便宜奉行前诏。如其大运去矣，请避贤路。"如果你觉得我司马家还是晋室皇家的话，你最好别做得这么绝，如果觉得我们司马家气数当绝，那么好，我让位，你拿主意。桓温取晋室天下时机未到，所以只好暂时不杀武陵王司马，只是废了他家的贵族身份。

以虚位皇帝对付实权大司马，堂堂皇帝虽然烂招迭出，净是妇孺所为，但对付桓温这样一世枭雄，以柔克刚，却是十分有效。司马昱当丞相时，一件事动不动就要经过一年才得以解决，把桓温给急得半死，对他的拖沓很反感，经常催促他，结果，司马昱好像不当一回事，说："日理万机，怎么能快得了?!"司马昱虽然贵为丞相，但其实只是桓温的橡皮图章，事情办得快慢，没有本质不同，一些非分难题，一拖再拖，对于晋室反而是好事，桓温对此毫无办法，司马昱却是暗爽在心里。

对于这些，桓温早就心里有数，点滴在心头，《世说新语》有两人的对话，堪称经典。

说是司马昱还是任抚军将军时，和桓温一起上朝，两个人争先谦让，请对方先走。桓温不得已先行，于是说道："我只好先走，给王爷当前锋了。"

司马昱说："其实不是大与小的问题，是我跟着你走。"

东晋风流，虽藏机锋，但不减儒雅，令人神往。

司马昱死后，谢安负责拟定司马昱的谥号，他给司马昱拟的谥号是“简文”，意思是讲司马昱这人一生冲虚简贵，既体现司马昱从政以来的文治，也能体现其一生为人，概括度高，又不俗。当工作人员把草稿给桓温看的时候，桓温高度评价：“此是安石碎金。”是杰作。桓温对谢安草稿的评价，同样也体现了他对简文帝的深刻了解。

桓温来到简文帝墓前，不免因景伤情，在拜谒的时候，精神恍惚，再加上高平陵所在，正是现在南京钟山西南，是阴凉潮湿之处，大风一吹，处在情感低潮的老桓温不免产生幻想，好像见到了司马昱，生前不敢拿桓温怎么样的司马昱，死后趁着天人相隔，大骂桓温。

其实在桓温刚开始拜谒的时候，左右随从已经感觉到桓温很不对劲，只见他一边拜，一边叫“臣不敢”，这种情形，让边上的人吓坏了，赶紧扶着他老人家上车。

经过这一吓，桓温终于相信自己是见到鬼了，从此一病不起。

桓温生病之后，马上返回姑孰，虽然广聘名医，但挨到七月，终于不治，从病起到病故，前后不到四个月。

桓温卧病，知道自己命不长了，但是心中大业未成，自然不甘，派人给朝廷上书，要求朝廷给他加九锡。所谓“九锡”是皇帝赐给臣子的九种礼器。我们中华帝国，千头万绪，治国不外人事和礼法。礼法的最顶端是九锡，“礼有九锡，一曰车马，二曰衣服，三曰乐器，四曰朱户，五曰纳陛，六曰虎贲，七曰弓矢，八曰斧钺，九曰鬯”。

所以能够得九锡的人，简直就是圣人。

圣人只有皇帝才能认证，但是圣人不能轻易认证。正常情况下，国家只有一个活着的圣人，就是天子。

天子九锡，是国家最高礼遇，天子以九锡加给臣子，往往意味着让臣子跟自己平起平坐，自然，只有大功臣或者相当有权势的诸侯大臣才会享受这种待遇。历史上，“加九锡”常常是权臣篡位的前奏。

从曹操以后，绝大多数的加九锡，都走了样。到了司马懿和司马昭，有样学样，也是先加“九锡”，然后夺了曹家天下，晋朝以后，宋、齐、梁、陈四朝的开国皇帝都依样画葫芦，先受“九锡”后篡位，生生把加“九锡”等同于预谋篡逆。

所以，当桓温要求加“九锡”时，王、谢诸人就心里打了一个激灵，斗争的关键时刻到了。其实桓温和王、谢的斗争就是武将与文臣的斗争，武将拥有实权，文臣掌握着话语权，占据着道德优势，双方在博弈。

文官们决定采用“拖”的办法。具体办事的人是袁宏。袁宏是个大才子，也是个书呆子，他是谢尚发掘，后来推荐给桓温当秘书的，所以和谢家有知遇之恩。这阵子，袁宏已经调到谢安的手下，任吏部郎，而且和谢安过从甚密，谢安也经常在他面前口若悬河，说者无心，听者有意，袁宏是个勤奋的人，听谢安讲话，回家后还作笔记，然后写成《名士传》，拿去见谢安，谢安看了，大笑不已，说：“哇，这书里的内容为什么越看越面熟呢？哎呀，这就是我经常跟大家提的中原旧事吗？我只是随便说着玩而已，你真是有心人，还把它写成了书。难得难得！”

袁宏文章一向写得又好又快，当年在桓温幕府，替桓温写《北征赋》，洋洋洒洒，叹为观止，桓温叫名士伏滔朗诵，当读到“闻所传于相传，云获麟于北野，诞灵物以瑞德，奚授体于虞者！疚尼父之洞泣，似实恸而非假。岂一性之足伤，乃致伤于天下”时，另一名士王插话：“‘天下’之后，如果加上几句，改用‘写’字作韵脚，就完美了。”

桓温听了，不假思索，转身对袁宏说：“你考虑一下，增添两句！”这边桓温声音刚落，那边袁宏应声答道：“感不绝于余心，溯流风而独写。”才思果然敏捷，满堂喝彩。

北征路上，因为赶着发公告，桓温叫袁宏以马背作桌子，马上就写，袁宏手不停笔，一会儿就写了七张。

但是袁宏才子脾气很重，虽然桓温对他十分礼遇，但每到辩论时，从不肯服输，而且还牛气到连桓温也不买账。他有一次兴起，写《东征赋》，替狼狈逃到江东的晋室君臣涂脂抹粉，列举了各东晋过江名贤的功德，一时传唱南北，但这个文章里，偏偏不提东家桓温父亲桓彝。

桓温十分气愤，但不露声色，问袁宏：“听说你最近写了篇《东征赋》，里面称赞了许多先贤，却为什么没有写我父亲呢?”

袁宏从容回答：“噢，是这样的，因为我是你的下属，对于尊公并不敢随便议论。其实我早已打好了腹稿，只是没有告诉你，也没有张扬罢了。”

桓温心想，忽悠我呀，追问他：“那你准备为我父亲写上哪些词句呢?”

袁宏立即回答说：“风鉴散朗，或搜或引，身虽可亡，道不可陨，宣城（桓彝）之节，信义为允啊！”马屁拍得精到，桓温听了也很爽。

不过说归说，他就是不写进赋里。所以说这人有傲骨，但也容易得罪人。久而久之，人家对他就利用而不重用，也就一直没有升迁。

话说回来，桓温手下，真是个个有性格，要是搁现在，不马上开除才怪。

再说袁宏办事认真，不改以往风格，谢安叫他起草朝廷加“九锡”的诏书，他又快又好完成，还很得意地拿给王彪之看。王彪之老奸巨猾，把袁宏大作仔细把玩一番，然后说：“好，好，真是大才子，我看可以。”

袁宏兴冲冲地拿给顶头上司谢安，谢安拿过来，说：“先放我这儿吧。”把袁宏打发走了。

过了两天，谢安把袁宏叫来，把阅后的诏书草稿递给他。袁宏一看，上面改了几个字。于是回去，重新誊写。

然后，又拿给谢安看。谢安看了两天，又在上面改了几个字。

如是往复，十多天过去了。袁宏看出来了，谢安这是成心的。

而桓温的病却越来越重，撑不了多久了。桓温在那边一直催促，想在自己死前解决这个待遇问题。但诏书迟迟等不到。

桓温生病期间，谢安去探视，桓温远远望见了，叹息道：“我的门里很久没见到这样的人了。”有这样的对手，徒呼奈何。

桓温最看好的弟弟，江州刺史桓冲，看着大哥被戏弄却毫无办法，跑去向哥哥问对策。桓温是人之将死，其言也善，坦白地说：“王、谢并不是你们可以对付的，见着他们，你还是绕着走，别跟他们直接对抗。”

桓温的这个政治遗嘱，包含几层意思：我桓温活着，王、谢这些小猴子，还不至于造反，最多学简文帝跟我玩太极拳；如果我死了，我们桓家子弟不是他们的对手，要跟王、谢明着干，你们不如他们老谋深算，刚好给他们借题发挥的机会，将反为其害。我们以静待动，保存实力，王、谢自然忌惮，凡事也会给几分面子，作为实权派家族，桓家子弟刚刚接手桓家基业，绝对不可轻举妄动，否则很容易被谢安等人利用。桓家好好养精蓄锐，不日自然可成一番事业。

桓温熬到宁康元年（373 年）七月，终于不治，死于姑孰，时年 62 岁。

摄政的褚太后与幼帝下令厚葬桓温，追赠丞相。

桓温坐镇荆州，西平巴蜀，北伐河洛，行土断，丰国用，安邦定国近 30 年之久。虽然死后备极哀荣，但是临终前硬是没能加九锡。

其实平心而论，桓温如果脸皮厚一点，早就篡位了。他这个人好面子，追求名声，总是下不了手，才被王、谢掣肘；病重时请求加九锡，主要是为了要个精神安慰，干了一辈子革命工作，临死前让组织上肯定一下，但这个愿望终未达到，反落千古骂名。

大家知道，中国古代的文官很重视纲常、名节这些东西，讲起大道理来头头是道，慷慨激昂，用道德律条能把人压死。而且他们掌握着历史的书写权，桓温这样的权臣自然被写得很糟。其实桓温北伐是有很大贡献的，如果不是晋朝内部不团结，也许早就光复中原了。

当然，谢安不是那种只会舞文弄墨的文人，他建立北府兵，抵抗前秦，都做得很漂亮。这是后话。

现在，桓温死了，谢安的时代正式到来。

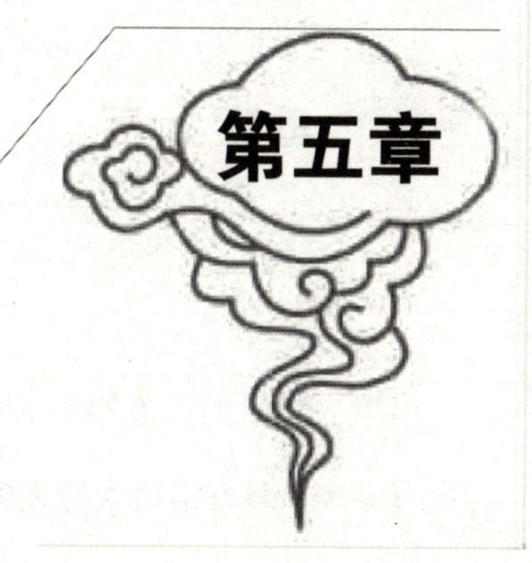

谢安时代的到来

为充实长江下游的军事力量，拱卫首都建康、抑制上游桓氏势力东山再起、抵御前秦南下等，谢安打算成立新军。孝武帝太元二年（377 年）十月，朝廷任命谢安侄子谢玄为南兖州刺史，负责筹组新军。

垂帘太后

桓温去世后的四五年中，谢安的主要对手是桓冲。谢安在朝在野均没有党援，只好请褚太后临朝，以宫廷势力相抑。

褚蒜子是晋康帝司马岳的皇后，是个了不起的人物。她一生一共经历了康帝司马岳、穆帝司马聃、哀帝司马丕、废帝司马奕、简文帝司马昱、孝武帝司马曜六代皇帝，先后三次垂帘听政，任用了谢安等贤臣，凭着自己出色的政治才华，挽救了危机四伏、动荡不堪的政局，帮助东晋王朝渡过了一次又一次的危机，堪称一代杰出的女政治家。

褚蒜子是河南阳翟（今河南禹州）人。褚家世代高官厚禄，自东汉以来就是名门望族。褚蒜子的曾祖父褚洽在西晋武帝时曾担任安东将军；祖父褚治曾任武昌太守；父亲褚裒少年老成，颇有盛名，桓彝因此评价他说：“季野有皮里春秋。”意思是他凡事都不露声色，从不对事物表态，更不去评价人与事的优劣高低，实际上却心里有数。东晋名相谢安也很推崇他，说“裒虽不言，而四时之气亦备矣”。据说，褚裒十五岁的时候，曾经前去拜访晋明帝的小舅子庾亮。庾亮让著名的术士郭璞为他占卜，谁知道郭璞一看卦象却惊呆了，说：“这不是人臣的卦象，不过二十年后，我这个卦才能得到验证。”

因为褚家门第高贵，再加上褚蒜子的美丽及出色的才华，所以晋成帝司马衍将她许配给了弟弟琅琊王司马岳，褚蒜子从此就成为琅琊王妃。她的父亲褚裒，也因此出任了豫章太守。

咸康八年（342 年）六月，二十二岁的司马衍病重不起，临终前诏命同胞弟弟琅琊王司马岳继承自己的皇位。于是司马岳登基称帝，是为晋康帝，同时册立褚蒜子为皇后。刚刚十九岁的褚蒜子就这样当上了东晋的皇后。

他们夫妻非常恩爱，褚蒜子还为司马岳生了一个儿子司马聃。可是没想到晋康帝司马岳也很早就去世了，年仅二十三岁。两岁的司马聃继承帝位，是为晋穆帝，年纪轻轻的褚蒜子也由皇后晋升为皇太后。

其实早在丈夫晋康帝司马岳在世的时候，褚蒜子就曾经屡次参与过朝政大事的决断。她的见识和决断令王公大臣们都很佩服。所以后来褚蒜子成为皇太后之后，以司徒蔡谟为首的群臣联名上奏，请求她临朝听政，代小皇帝掌管国家。

在褚太后答应了垂帘听政之后，何充再次上表要求褚太后的父亲褚裒入京总揽朝政，甚至还提出给他加以不臣之礼，让文武百官都来参拜他。二十几年前郭璞的那一卦终于得到验证了。

可是早在褚蒜子当王妃的时候，褚裒就早早地离开了京城，去当豫章太守。在当太守期间，褚裒为官清廉，就连家里厨房中所用的木柴，都让自家的仆人去山上砍。到女儿当皇后的时候，他更拒绝了皇帝女婿给予自己的侍中、尚书官衔，千方百计地离开了京城，出镇半洲。最后褚蒜子给了父亲这样的任命：都督徐州、兖州，青州及扬州二郡军事，兼徐州、兖州二州刺史，卫将军，出镇京口

(今江苏镇江)。

褚裒虽然身在地方，但他只是为了避嫌，实际上对朝政情况一直都很关心。他还曾向女儿推荐了会稽王司马昱（晋元帝儿子）为扬州刺史，随后又晋级他为抚军大将军。司马昱的入朝辅政，使得何充渐渐失势。后来褚裒还举荐了名士殷浩为扬州刺史、建武将军。

从此，东晋就形成了一个全新的政治局面：司马昱在朝，而顺着长江天险，分别驻扎着上游桓温、下游殷浩，褚裒本人则坐镇江北。几大重臣互相制衡，东晋政局相对稳定了下来，可是这也给东晋的军事渐兴制造了机会。

可是永和五年（349年）十二月，褚裒去世了。从此，褚蒜子没了依靠，只能独立应对这一切。

其实在褚蒜子数次执掌东晋朝政的过程中，她最大的竞争对手就是桓温。桓温是东晋的名将权臣，出身于豪门世族，后来还娶了南康长公主为妻，成了晋明帝的女婿。他因为征蜀大胜，被封为征西大将军、开府仪同三司和临贺郡公。他的权力一下子急剧膨胀起来，自然成了褚蒜子的一块心病。为了遏制桓温，她根据大臣的推荐，起用了号称“管仲再世”的殷浩北伐。然而这却是一次失败的决策。殷浩的“才具”，其实是东晋士族“清谈”得出的结论，完全是浮夸，所以北伐最终只能以失败告终。

殷浩狼狈班师回朝后，褚蒜子将其撤职为民。于永和十年（354年）二月，重新起用桓温，让其率领四万精兵再次北伐。桓温旗开得胜，一路北上，一直打到了长安的灞上。西晋故土的百姓们都因此非常欢欣鼓舞。

然而就在桓温犹豫是否进军长安之时，前秦雄主苻健却暗中派人将各地的粮食都全部毁掉，使得东晋军队没有粮食可以吃。六月，军粮缺乏的晋军被前秦大败于白鹿原，桓温只得回到襄阳。

虽然这次北伐也没有取得最后的胜利，但是桓温还是得到了奖赏，升为征讨大都督。

永和十一年（355 年）年底，褚蒜子的生母谢夫人病逝。对于外祖母的去世，晋穆帝采用了与外祖父之丧一样的高规格。褚蒜子的父亲褚裒先后娶过三位妻子，除了她的母亲谢夫人，还有早逝的荀夫人、卞夫人。在封谢夫人为寻阳乡君时，朝臣上表要求将荀氏、卞氏也一起追封，可是褚蒜子却拒绝了。

晋升平元年（357 年）的正月，褚蒜子为十五岁的儿子司马聃举行了冠礼，表示他已经成人了。她还政于皇帝，自己退居崇德宫。

然而，褚蒜子还政之后，朝中的重臣们虽然身为男子，却没有褚蒜子的精明能干，所以桓温的势力一点点膨胀起来，发展到难以压制的地步，最终导致了桓温、桓玄的叛乱。

其实在很早之前，刘惔就曾经提醒丞相司马昱，说桓温“不可使居形胜之地，其位号常宜抑之”。可是司马昱却没有任何反应，任凭桓温权势日益膨胀。

后来桓温再次进行北伐。这一次北伐他光复了洛阳，还修整了在战乱中毁坏的历代汉晋帝王陵墓。他也因此被加封为郡公，连次子桓济都被封为“临贺县公”。此时，桓温在朝廷和民间的声望，已是无人能及。

升平五年（361 年）五月，褚蒜子唯一的儿子晋穆帝司马聃忽然得

了重病，很快就驾崩了，年仅十九岁。可是早逝的司马聃没有儿子，皇位继承人就成了问题，于是褚蒜子就在司马氏诸王中选择了晋成帝的长子琅琊王司马丕。

于是褚蒜子的“皇太后令”颁布，其文曰：“帝奄不救疾，胤嗣未建。琅琊王丕，中兴正统，明德懋亲。昔在咸康，属当储贰。以年在幼冲，未堪国难，故显宗高让。今义望情地，莫与为比，其以王奉大统。”

因此司马聃的堂兄司马丕就登上了东晋的王位，是为晋哀帝。这个时候，司马丕已经二十一岁了，作为婶母的褚蒜子自然没有垂帘听政的必要。也许是因为感谢婶母对自己的赏识，司马丕称帝后仅仅册封自己的生母周氏为皇太妃，而褚蒜子还是稳稳地坐在皇太后的宝座之上。

桓温曾经上书司马丕，请求东晋迁都洛阳，让被迫离开故土的北方人都能返回自己家乡。可是司马丕却说：“我们这些南迁的人已经在此生活了几代，早就习以为常，最初迁来的人们很多也埋葬在此。如果离开的话，如今在南方的田宅谁来照管？照管不来又卖给谁？北返的车马也很难齐备，北方虽收复一些地方，但是仍然不安定，不值得为此抛弃南方的安逸生活。”桓温的提议就这样遭到了拒绝。

司马丕迷信方术金石，只是想着怎么修道炼丹可以长生不老。最终，他不但没有长命百岁，反而很快就一病不起了。无可奈何的大臣们只得再次上表，请求德高望重的褚太后临朝听政。于是褚蒜子就再次主持国政，稳定了政局。

兴宁三年（365年）二月，哀帝司马丕病逝，死时年仅二十五岁。

哀帝驾崩的第二天，褚蒜子颁下太后诏书："帝遂不救厥疾，艰祸仍臻，遗绪泯然，哀恸切心。琅琊王奕，明德茂亲，属当储嗣，宜奉祖宗，纂承大统。便速正大礼，以宁人神。"她因而迎立了司马丕的同胞弟弟司马奕，是为晋废帝。

此时桓温就开始有了篡位为帝的想法，竟然说出了这样令人瞠目结舌的话："若不能流芳后世，就要遗臭万年！"有一次他路过逆臣王敦的墓地，甚至还连连赞美他说："可人、可人！"

咸安元年（371年），在朝野及民间广为流传着一个流言，说是司马奕宫中的田美人和孟美人所生的三位皇子，实际上并非他的儿子。如果让不是皇家血脉的人继承帝位，简直是对先人的大不敬。

同年十一月，桓温亲自率兵回到建康，并以此谣言为由，向朝廷提议废黜司马奕，改立元帝少子、会稽王司马昱为帝；并把以太后名义写好的诏书底稿呈给了褚蒜子。

当时，褚蒜子正在佛堂拜佛，内侍禀报外有急奏。她一看到桓温呈上来的这篇诏书底稿，心里就明白了七八分。褚太后知道桓温手握重兵，权倾朝野。而此时司马奕因为谣言已经丧失了威望，自己又独木难支，阻止也无济于事，弄不好还会引起内乱，后果更为严重。于是她只得无奈地默许了桓温的提议。

在等待褚蒜子回音的时候，桓温还怕她有异议，以至于"悚动流汗，见于颜色"。桓温这样一个久经沙场、蔑视群臣、甚至敢于诽谤皇帝的野心勃勃的阴谋家，却对褚蒜子很是敬畏。可见褚蒜子绝非一般的女流之辈。

桓温战战兢兢地等到了褚蒜子同意的诏书之后，就将司马奕废为

东海王，过了一年又降为海西公。

三十岁的司马奕戴着白色的便帽，穿着单衣，走下了西堂，乘着牛车凄然地出了神兽门。群臣自发为司马奕送行，大家都为此唏嘘流泪。可是慑于桓温的势力，谁都不敢多说一句话。

司王昱继承了王位，是为东晋简文帝，他是晋元帝司马睿的小儿子，即位时已经五十多岁了。褚蒜子被尊为崇德太后，移居崇德宫。司马昱只是名义上的皇帝，国家大事的决定权实际上还是掌握在桓温手里。不过即使是这样的皇帝他也没当长，第二年的六月，他就一命归西了。于是年少的皇太子司马曜继位，是为孝武帝。

简文帝病重的时候，曾立下遗诏说“大司马桓温依周公居摄故事”，“少子可辅者辅之，如不可，君自取之”。实际上这无异于给了桓温篡位的借口。侍中王坦之等人极力谏止，最后简文帝还是修改了这份遗诏，说“家国事一禀大司马，如诸葛武侯、王丞相故事”。

桓温没想到司马昱竟然这样对待自己，于是就怒气冲冲地带着大队人马日月兼程地赶回了建康。大家一看桓温来势汹汹的架势，都有些惊慌失措。谢安和王坦之率领文武百官去郊外迎接桓温。只见桓温和他的那些武士脸上都杀气腾腾，其他人早都吓得不行了，只有谢安还是镇定自若，从容不迫。桓温不由得也对他肃然起敬。大家都就座后，谢安又平静地说了一句语惊四座的话：“明公因何壁后藏人?”桓温没想到谢安看透了自己的把戏，只得局促地托辞说：“我恐怕会发生什么突发事件，不得不这样以防万一。”随后他立刻命令撤走了帐后的所有武士。

第二天桓温入朝觐见孝武帝，看到谢安之后他心里不禁有些发毛，只是说了一些无关痛痒的小事就匆匆告退了。不久桓温便回到自己的镇地，很快就去世了。他在弥留之际曾留下遗嘱让弟弟桓冲统率自己的军队。这样桓冲就接替哥哥掌握了重权，大臣们都担心他会成为第二个桓温。于是谢安率领百官上表，请求褚蒜子再次临朝听政。

于是已经五十岁的褚蒜子再次垂帘，开始了她的第三次也是最后一次临朝听政。国中大事，均以“皇太后诏令”的形式颁布施行。在著名的“淝水之战”中，只有八万兵力的东晋在褚蒜子和谢安的筹划和指挥下，大败前秦苻坚的百万之师，终于保住了东晋的半壁江山。

后来，桓冲履行了自己的承诺，把爵位传给了哥哥的小儿子桓玄。褚蒜子和谢安趁着桓玄年幼（年仅七岁）的机会，逐步削减了桓温六个儿子的权力。到这个时候，东晋的政局才算基本稳定下来。

宁康三年（375年）八月，褚蒜子为孝武帝司马曜举行了婚礼。太元元年（376年）正月，褚蒜子又为他举行了冠礼，然后把政权还给了司马曜，她临朝听政的生涯正式宣告结束。她从此深居在显阳殿中，不再过问世事。

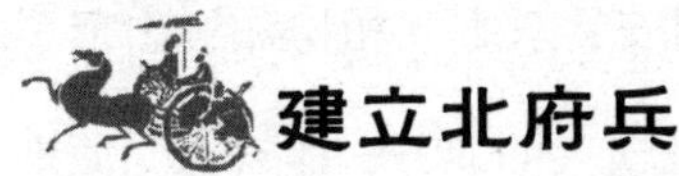

建立北府兵

为充实长江下游的军事力量，拱卫首都建康、抑制上游桓氏势力东山再起、抵御前秦南下等，谢安打算成立新军。孝武帝太元二年

(377 年) 十月，朝廷任命谢安侄子谢玄为南兖州刺史，负责筹组新军。谢玄随即把南兖州的军事治理机关从京口（今江苏镇江市）移到广陵（今江苏扬州市），南徐、南兖两州侨户纷纷应征入伍。当时彭城（今江苏徐州市）刘牢之等数人以骁勇应选，谢玄任命刘牢之为参军，率领精锐作为前锋。因为晋朝百姓称京口为北京，所以当时人称这支军队为“北府兵”。

清初王夫之关于北府兵有这样的论述：“谢安任桓冲于荆、江，而别使谢玄监江北军事，晋于是而有北府之兵，以重相权，以图中原，一举而两得矣。”桓和谢是东晋四大门阀之二，所以两者既有争权夺利的冲突，也有维护士族阶层权益的本能。从东晋政府整体的利益出发，谢安很好地处理了中央与地方藩镇的关系，平衡了谢、桓两大家族的力量。

东晋所辖境土主要为荆、扬二州。荆州位居上游，地广兵强，是防止北方南下的重要据点，设有强有力的都督府，“资实兵甲，居朝廷之半”。扬州为京畿之所在，乃立国根本。三吴及浙东是谷帛的重要基地。但是“建邺拥天子以为尊而力弱，荆襄挟重兵以为强而权轻”，这种“枝强干弱”的局面，就成为荆、扬之争的根源。

继督荆州的桓冲把扬州的军权让给谢安，双方互相协作，出现了“君臣和睦，上下同心”的局面。面对咄咄逼人的北方，谢安深知原来的世兵制军队腐败不堪，根本对付不了前秦的军队，于是选派“有经国才略”的侄子谢玄为兖州刺史，监江北诸军事，北镇广陵，组建北府兵。

北府兵组建后，首先遇到的是太元三年（378 年）前秦向东晋发动的一场进攻。

其年二月，苻坚派征南大将军苻丕率步骑七万进攻东晋在西线的军事重镇襄阳；为配合西线的进攻，七月，又遣兖州刺史彭超为都督东讨诸军事，与将领俱难、毛盛等率步骑十万进攻东晋的东线重镇彭城、淮阴、盱眙。

次年二月，秦军攻下襄阳，执晋将朱序。在东线，面对秦的进攻，晋派万余北府兵援救彭城，军于泗口，欲遣间使报沛郡太守（彭城）戴逯而不可得。时彭超置辎重于留城（彭城郡属县，今沛县东南），谢玄扬言遣北府将何谦率军袭取留城，彭超释彭城围还保辎重，东晋彭城太守戴逯随何谦帅彭城之众奔谢玄，彭超进据彭城，而南攻盱眙。俱难攻克淮阴。

四月，秦将毛当、王显在攻拔襄阳后率众二万东会俱难、彭超攻淮南。

五月，秦军攻拔盱眙，执高密内史毛操之，秦兵六万围晋幽州刺史田洛于三阿（今江苏宝应）。三阿距广陵百里，东晋朝廷大震，一边沿江布防，遣征虏将军谢石帅舟师屯涂中，右卫将军毛安之等率众四万屯堂邑（今南京六合）；一边派谢玄自广陵率北府兵救援三阿。

六月，谢玄与田洛帅北府兵五万败秦军于盱眙，秦军退屯淮阴。玄遣北府将何谦帅舟师朔淮水而上，焚毁秦军建造的淮桥，秦将邵保战死，退屯淮北，谢玄与何谦、戴逯、田洛等乘胜追击，再败秦军于君川（今盱眙县北君山之川）。刘牢之等又破坏秦军的运舰，秦将俱难、彭超仅以身免，秦军在东线的进攻北谢玄组建不久的北府兵击败。

上述史实可以看出，谢玄先前驰援彭城的北府兵仅万余人，而用

于君川，最高数却达到五万，说明北府兵是在战斗中汇入各支力量而发展的。

北府兵最大的战争是太元八年（383 年）淝水之战，我们后面还会讲到。

化解危机

太元元年（376 年），孝武帝司马曜亲政后，任命谢安为中书令，录尚书事；第二年又加授他为侍中，都督扬、豫、徐、兖、青五州诸军事。谢安掌起了东晋的军政大权。虽然外姓篡权的危机已经过去，但东晋政权仍旧面临着严重的内忧外患。内部皇族与世家大族之间的矛盾、世家大族互相之间的矛盾从来就没有消失过；外部却又受到了日益强大、业已统一了北方的前秦的威胁。真可谓是一波未平，一波又起。

在这种形势下，谢安积极奉行王导缓和士族矛盾、稳定政局的政策，同时奉行“镇以和靖，御以长算，不存小察，弘以大纲”的方针，团结异己，共同维护晋室。为此，他很注意搞好同桓氏家族之间的关系。桓温死后，谢安不仅没有打击排抑桓氏家族，还让桓温的弟弟桓冲接替了他哥哥的权位；让另一个弟弟桓豁做荆州刺史，主持长江中游的军事。桓豁死后，他又让桓冲从长江下游移镇荆州。太元三年(379年)，襄阳被前秦苻坚攻陷后，桓冲因战守无方，引咎辞职。谢安也未惩办他，仍让他继续领兵扼守中游。他不计前嫌、宽宏大量的胸怀深深感化了桓氏兄弟。当桓温的党羽曾一度鼓动桓冲伺机诛杀谢安、专断朝政的时候，桓冲不但没有采纳，反而自以为德望不及谢安，而忠心听命于谢安的调遣，效命于朝廷。谢安对桓氏的宽怀大度，对团结其他士族，共同维护晋室，起了积极的作用。

除了均衡士族势力，化解集团矛盾之外，谢安作为宰相，还特别注意选拔英才，进行制度改革。在他选拔的优秀人才之中，有文才、有武将，最有代表性的莫过于谢玄、桓伊、徐邈、范宁四人。他用人唯才，不避亲故。最初当朝廷下诏寻觅能镇守北方、抵御前秦的文武良将的时候，谢安认为他的侄子谢玄就有“经国才略”，足以担当重任，于是推举了他。中书郎郗超为人奸诈，平日与谢氏关系不好，但当他听说谢安保举了谢玄，也不由得感叹：“谢安能违众举亲，真是明达；谢玄有真才实干，肯定不会辜负他的推举。”

后来谢玄果真在战场上频频告捷，并成为淝水之战的重要功臣。他的成功是与叔父谢安平日以家教方式培养人才又委以重任分不开的。

自古以来，战争带给百姓的似乎只有苦难，但东晋在备战前秦之际，却在宰相谢安的主持下采取了一系列减轻百姓负担的措施，同时进行了制度上的改革。在他执政后，每遇水旱灾害，朝廷必会减免租税，或除一年租布，或除半年租布，或赐穷苦百姓五斛米，或除去逋租宿债。太元四年（379年）还下令御供从俭、百官俸禄减半，停止一切非军国要事的差役和费用。其中在太元元年（376年）和六年(381

年)进行了最重要的两次改革。第一次解除“度田收租制”：王公以下，每口人缴米税三斛，解除劳役；第二次改制度，减烦费，削减吏士700人。这两次改革受到时人的欢迎和后人的好评。王夫之就认为此是“均贫富之善术，利在长久而民自得”。通过改革，不仅减轻了人民的负担，而且集中了国家的物力财力，有利于做好御敌准备。

为了抵御前秦的进攻，谢安还进行了积极的军事准备。他派谢玄镇守广陵(今江苏扬州)，在南迁士族和民众之中选拔精壮组成了勇猛善战的“北府兵”，并以刘牢之等为将领。他们进可攻，退可守，以逸待劳，在长江北岸紧紧守卫着京师大门；另外建立侨郡、侨州，平时务农以充军粮，闲时习武，组成了军事后备力量。这些人一部分守卫庄寨，一部分拱卫京城，在长江以南随时做好御敌准备。此外，桓冲在长江中游驻守，防止前秦从中线南下。这就形成了京师、广陵、夏口的犄角之势，谢安自己坐镇京师，遥控全局。正因为他事先已做了精心的部署，所以在后来战火燃起，情势危急的时候才能临危不惧、处变不惊。也正是这样，他把自己个性魅力中的名士风度与儒将气质完美地结合在了一起。

由于谢安的正确决策和精心治理，东晋出现了空前稳定的局面，甚至连前秦的有识之士也不得不承认，东晋虽然衰微，但不曾“丧德”，君臣和睦，上下同心。谢安、桓冲是江南的伟才、东晋的能人。

谢安时代

谢安时代从大的时期来说，分为两个阶段：

第一个阶段是太元元年（376 年）到太元八年（383 年）淝水之战，是谢安事业登顶阶段。在这个阶段，谢安和朝廷诸人面临的主要问题是如何抵御前秦的攻击，这个是核心问题。前秦政权作为东晋干部群众的全民公敌，促使大家齐心协力抵御外侮；而且是外敌越逼近，人民越需要团结。表面上的上下一心共御强敌的形势面前，一靓遮百丑，东晋的内部许多矛盾就被掩盖，而后世的历史学家，一向是注重行文可读性胜过事实准确性，行文的需要，也略化了许多问题。

但其实东晋内部矛盾还不少，以谢安为中心，最主要有三个：

一是桓、谢矛盾，不过由于桓家拥有地方实权，而且整天在前线作战，知道国事艰难，基本上能和谢安和平共处，在朝廷有难、谢安遇困的时候，还多次主动积极帮助。

而谢安也自知实力不如别人，也不敢对桓家大包大揽，一副吃定人家的样子，所以两家基本能摆平关系；虽然后来两家在江州刺史的人选等问题上有冲突，但到太元九年（378 年），由于桓冲死后谢安未并吞其地境，而以桓豁诸子以及桓伊分督荆、江、豫州，妥善解决，

“彼此无怨，各得所任”。

二是王、谢矛盾，这个王是太原王国宝，这个人原本是谢安的女婿，但是谢安一向看不起他，结果人家妹妹嫁了个好老公司马道子，于是小人得志，在司马道子后面兴风作浪，出谋划策。但是王、谢矛盾其实是马、谢矛盾的变体，而且王国宝之流没有实权，所以不是大患。

最严重的问题就是第三个矛盾，马、谢矛盾，也就是司马皇室和谢安的矛盾，这个矛盾甚至等不及淝水之战，前秦侵略，就显现出来。在淝战前夕，皇帝竟然任命年仅二十多岁的司马道子与德高望重的谢安共录尚书事，明摆的要分谢安的权。史家为皇帝讳，说其实是司马道子搞的鬼，但是没有司马曜在背后做靠山，谁能动得了当朝第一权臣？

第二个阶段是太元八年（383 年）到太元十年（385 年）谢安逝世的两年。谢安一力帮助振兴皇权，原来是想对付那些意图作乱的权臣，比如桓温之流。但是结果就如武侠小时里的大内高手，虽然平时血滴子出神入化，如果一不小心，把血滴子甩到自己头上，等到外敌被打败，司马皇帝就跟历代皇帝一样，兔死狗烹，以子之矛，攻子之盾，更下死力逼谢安，生生把他给逼到徐州，郁郁而终。

总之，太元年间前半段，东晋在谢安的治理下，虽然一时呈现强盛气象，但内部积弊仍然时刻作祟，外忧内患交替出现，束缚着谢氏的手脚，使他不能尽展宏图。

前秦崛起

当上皇帝之后，苻坚有一次在登龙门上眺望，大发感叹道：“美哉山河之固！”其臣下权翼劝谏道：“山河之固不足恃，仁德的君主应该效法古代仁君，怀远以德，统治之道在德不在险。”苻坚大悦，言听计从，开山泽之礼以让民，金玉宝物赐予战士，偃甲息兵，休养生息。

前秦的奠基人苻洪

西晋灭亡后，黄河流域成了战场，匈奴、鲜卑、羯、氐、羌五大少数民族你争我夺，出现了十六个国家，大多是游牧民族首领称王称帝，其中如后赵、北燕、大夏、后汉等政权的国主大多凶狠残暴，喜于杀戮，几乎都是速兴速灭。盛强时虽有控弦衣甲之士百万，崩溃之时如溃穴之蚁，刹那间消散。

前秦是氐族人建立的国家，一度统一了中国北方，在历史上产生重要影响。

前秦的苻洪（284—350年），字广世，略阳临渭（今甘肃秦安东南）人，是前秦政权奠基者，苻怀归之子，亦是前秦开国君主苻健之父；本姓蒲，原名蒲洪，后以谶文有“草付应王”，遂改苻姓。

苻洪的祖先世世代代都是西戎酋长。苻洪自幼练就了一身骑马射箭的硬功夫，对周围的人也很大方，大量施舍财物，受到了人们的尊敬和爱戴。西晋永嘉年间，全国一派混乱，怀有称王野心的苻洪见有机可乘，便拿出千金笼络了一批英雄豪杰，这批人为苻洪出谋划策、冲锋陷阵，并与他的同族蒲光、蒲突等人一起拥戴符洪为盟主。

苻洪虽为盟主，但蒲光、蒲突却很有势力，把持着最高权力。匈奴族刘曜迁都长安建立前赵后，苻洪在蒲光等人的逼迫下投靠了刘曜，被封为率义侯。刘曜被后赵石勒俘杀以后，苻洪只好带着自己的一部分人马跑到了陇山。

陇山虽地势险要，但并没有给苻洪带来安全感。后赵延熙元年(333年)，石虎准备攻打上邦，苻洪向石虎投降，石虎非常高兴，把苻洪封为冠军将军。苻洪对石虎非常感谢，到了长安后，对石虎说："让关中豪杰和氐、羌继续留在原居住地不是好办法，应当把他们迁到关东，充实东部地区。如果你同意的话，这事就交给我办好了。氐族人都是我家部曲，我出面招呼他们，他们不敢违抗!"石虎听后觉得很有道理，便将秦、雍及氐、羌十万户迁到关东，任命苻洪为流民都督，负责管理这些新迁的居民。

建武年间的一天，后赵大将冉闵对石虎说："你近来对苻洪太信任，这会酿成后患的。苻洪这个人很能干，而且他的几个儿子也不错。依我之见，应当把他们秘密干掉。"石虎听完冉闵的话，不仅没有杀死苻洪，相反对苻洪更加信任，冉闵只落个没趣。到了石遵即位时，冉闵又对石遵说："苻洪是个人才，如果继续让他镇守关中，恐怕秦、雍之地就不再是赵的版图了。虽然先帝任命他当流民都督，但现在你是一国之主，一切都是你说了算。"石遵经冉闵这么一煽动，没有多加思考就给苻洪摘掉了流民都督之号。

苻洪马上意识到，如果不换一块土壤，不仅无法发展，就连自己都很难生存下去。苻洪当机立断，脱离后赵，投靠东晋。晋穆帝对苻洪来投奔自然喜出望外，于永和六年（350年）把苻洪封为征北大将军、冀州刺史、广川郡公。苻洪开始对这几个头衔还比较满意，但没过多久，就对它们不感兴趣了。恰在这时，有人出来劝他称帝，这建议正合他意，于是便自称大将军、大单于、三秦王。

一天，他对博士胡文说："我率兵十万，占领有利地形，可以不费吹灰之力把冉闵、慕容隽、姚襄父子彻底消灭。夺取天下，对我来说，易如反掌。"苻洪的抱负很大，但是，正当他运筹帷幄准备将自己的理想付诸行动时，不幸在宴席上吃了他的军师将军麻秋所下毒药，苻洪临死之时对儿子苻健说："我之所以不入关，是因为考虑到会很快夺取中原，现在不幸被麻秋暗算，夺取中原的希望也化为泡影。你们弟兄们都没有能力夺取中原，所以要马不停蹄地占有关中。"说完，就与世长辞了，时年66岁，谥号惠武帝。

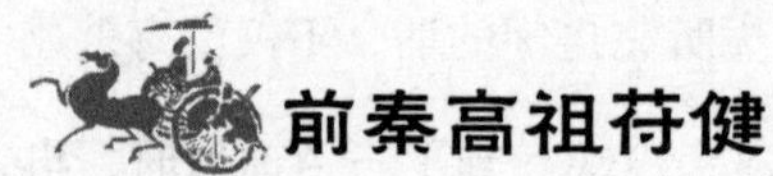

前秦高祖苻健

苻健（316—355年），字建业，初名罴，前秦惠武帝苻洪第三子，苻洪死后继位，在位五年，病死，终年三十九岁，葬于原陵。

公元350年，苻健的父亲苻洪被军师麻秋下毒后，苻健不管捂着肚子疼得嗷嗷叫的父亲先杀死了麻秋。苻洪死后，苻健继位，并出于战略上的考虑，取消了秦王称号，向东晋称臣，自任为东晋征西大将军，雍州刺史，并遵守父亲的遗命，率领部众西进，占据关陇地区。

公元351年，他乘后赵灭亡、关中豪强纷纷割据的机会，自称天王，大单于，国号秦，史称前秦，定都长安，建年号为皇始，第二年称帝。

苻健在位期间，用坚壁清野的战术击退了东晋桓温的北伐，他崇尚儒学，减免租税，缓和了关中汉、胡之间的矛盾，使政权减趋稳固。

公元355年，苻健病重，侄苻箐企图夺位，带兵冲入宫中，想杀死太子苻生，不料太子在东掖门内陪侍苻健，已经几天没有出宫，苻箐认定苻健已经死了，转而引兵攻打东掖门，声称皇上驾崩，太子为人残暴，不宜继位，应该除去，苻健抱病乘辇赶到端门，指挥禁军步列在门前，准备抗击，叛军猛然见到苻健端坐在那里，都纷纷逃散，苻箐被苻健追捕，处死。

几天后，苻健病危，授其叔父、武安王苻安为大将军，委以兵权，同时宣召丞相雷弱儿，太傅毛贵，太尉鱼遵等大臣接受顾命，三天后，病死于长安富中太极前殿。

苻健死后的庙号为世宗，又改称高祖，谥号为明帝。

暴虐帝王苻生

前秦厉王苻生（335—357年），字长生，中国十六国时期前秦君主，前秦惠武帝苻洪孙，高祖苻健第三子，苻健病死后继位，在位三

年，被苻坚等发动兵变攻杀，终年二十二岁，葬处不明。

苻生生下来就瞎一只眼，生性残暴；长大后，力举千钧，雄勇好杀，能徒手格击猛兽，飞跑能追上骏马，击刺骑射，冠绝一时。晋朝桓温北伐时，苻生常常单马入阵，十几次搴旗斩将，勇冠三军。

苻生初立，即大开杀戒。先是大将强怀阵亡，其子强延应该袭封将军，正值苻健死丧，未得袭封。苻生出游，强怀的妻子樊氏于道上书，请苻生议封忠烈之后。由于阻滞苻生的游兴，新皇帝大怒，操起弓箭就射杀了樊氏。

秦国的中书监上书，说“天象示警，不出三年，国有大丧，大臣戮死，希望皇帝修德养国，安民乐道。”苻生闻言，嬉笑着说：“朕和皇后对临天下，可应大丧之变。至于大臣嘛，毛太傅、梁车骑、梁仆射受遗诏辅助我治天下，把他们杀了就可以应天警了。”于是，皇后梁氏和几个辅政大臣一同被推上断头后杀掉。

不久，苻生又杀了刚正直言的丞相雷弱儿，并其九子、二十七孙。

苻生在服丧期间，游戏饮酒自若，荒耽淫虐，常常手携弓箭利刃会见朝臣，左右案几上锤钳锯凿一应俱全，随时随地杀人为乐。

一次，苻生在皇宫招待大臣饮酒，他自己放声高歌，钟乐齐鸣，见有臣下不喝酒，引弓射杀典劝官，吓得众大臣个个举杯猛往嘴口灌酒，昏醉一地，蓬头污服，苻生以此为乐。

都城长安刮大风，发屋拔树，宫人奔扰，苻生抓住那些奔跑的宫人，生刳其心。他亲舅舅强平上谏，劝他爱礼公卿，勤于政事，苻生大怒，用凿子凿穿强平的头顶。见自己弟弟被儿子凿死，皇太后强氏忧恨而死。

当时秦国治下野兽食人，苻生杀人，群臣有强谏的，苻生回答说：“野兽饿了吃了，吃饱就停止了。现在我杀人不过数千，算不上什么刑罚峻虐。大街上行人比肩，也不能说人少。”

去阿房游幸，见道上有兄妹偕行，这位暴君又强逼二人乱伦。不从，苻生大怒，把兄妹一同杀掉。

在咸阳故城大宴群臣，见有稍稍迟到的，苻生立即下令全都拖下斩首。

苻生好酒，连月昏醉。平时问起身边侍从，左右有的说：“陛下圣明，太平天子。”苻生生气：“谄媚讨好我！拖下殿去砍头”；左右又有上言：“陛下刑罚稍稍过分一些。”苻生又怒：“竟敢诽谤诋毁我！拖下去杀头”。

身边的妻妾小有不如意，只要形于颜色，苻生就马上杀掉抛入渭河之中喂鱼。他又喜好把牛羊驴马活活剥皮，三五十为一群，笑看这些刚被剥皮的动物在殿中哀嚎奔走；又喜欢把死囚的面皮剥掉，让他们载歌载舞，让大臣聚集“欣赏”，以为嬉乐。

由于苻生自己是个“独眼龙”，忌讳尤多，臣下上书言事和讲话不能涉及“不足、不具、少、无、缺、伤、残、毁、偏”等字词，不小心犯之而死者不可胜数。苻生天性好杀，动不动就把左右属下锯颈、刳心、截肢、腰斩。

苻生即位之初，曾梦见大鱼吃蒲叶。而后，都城长安又传有童谣：“东海大鱼化为龙，男便为王女为公。问在何所洛门东。”苻生想来想去，认为梦中之兆和童谣所指肯定是姓鱼的大臣——马上诛杀侍中、太师鱼遵，并其七子、十孙。

事情发生后，苻氏皇族中有一个人心旌摇荡，再也不能安席——东海王苻坚。苻坚是苻生的堂兄，其父苻雄是苻健的弟弟，多谋略，善兵书，但不幸年轻时就病死，遗下苻法、苻坚两兄弟。苻坚的东海王封号与童谣暗合，宅第又在洛门以东，看见太师鱼遵被杀得家里一个不剩，苻坚寝食难安。

一日，苻生饮酒至夜，对旁边的侍女说："苻法兄弟也不能让人信任，明天我要杀了他们。"偏偏这个侍女平日受过苻法、苻坚兄弟不少好处，深夜溜出宫门报信。兄弟两个大惊，情急智生，苻法带领数百人潜入云龙门，苻坚率三百壮士鼓噪进攻，值勤的御林军都放下武器加入苻坚的队伍。

众人攻入内宫，苻生仍旧昏醉未醒，糊里糊涂地被拖到小屋子里杀掉了。

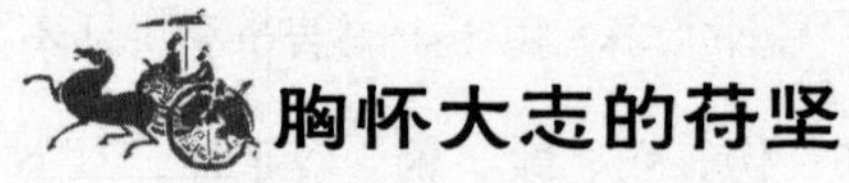

胸怀大志的苻坚

苻坚，字永固，生下来后背就有红色纹理，隐约看上去是"草付臣又土王咸阳"八字。苻坚从小就聪颖不凡，目有紫光，苻洪非常喜欢这个孙子，称他为"坚头"。七岁左右，苻坚伺候于爷爷苻洪左右，举止中礼，很得爷爷欢心。八岁时，苻坚主动向爷爷要求请家庭教师，教习自己儒学，高兴得苻洪连声赞道："我们这个家族世生边陲，只知道喝酒吃肉，谁料到你这么小就知道求学?!"

苻健入关后，封这个侄儿为龙骧将军，跟随大军转战南北。苻坚常身先士卒，部下惮服。加之他博学多才，胸存大志，广结英豪，周围有王猛、吕婆楼、强汪、梁平老一帮谋臣猛将，故而能一举而发，诛除昏主苻生，登上龙座。

当上皇帝之后，苻坚有一次在登龙门上眺望，大发感叹道："美哉山河之固!"其臣下权翼劝谏道："山河之固不足恃，仁德的君主应该效法古代仁君，怀远以德，统治之道在德不在险。"苻坚大悦，言听计从，开山泽之礼以让民，金玉宝物赐予战士，偃甲息兵，休养生息。

为了抵制氐族贵族豪强，他以汉臣王猛为京兆尹，主持朝政。

王猛，字景略，北海剧（今山东昌乐）人，自少博学，好兵书，气度雄远，平日谈不上的人理都不理，当时的浮华之士都轻笑他是个痴人。

桓温于永和十年（354 年）伐关中之时，曾于霸上驻军。五月的一天，有一个奇人前往军中拜访桓温。此人身披短袄，鬓发蓬乱，貌不惊人，眉宇间却隐隐流露过人的聪敏，名叫王猛。王猛一边与桓温交谈，一边在短袄上捉虱子，捉住便把虱子捏死，仿佛能从言谈与扪虱两件事中获得无穷乐趣。

桓温见此奇人，心中暗暗称异。他问王猛："我奉天子之命进驻关中，替百姓除害，为何关中豪杰无人来见我?"王猛答道："将军行军千里，深入敌境，到了离长安仅隔咫尺之遥，却又屯兵不动了，大家看不透你的心思，所以没有人来欢迎你。"

王猛的话，正好揭露了桓温心头的秘密。因为桓温是个野心家，他出师北伐，并不像祖逖那样，真正是为了恢复中原，而是为了扩大他自己的势力，所以他到了霸上就停止前进了。他打的算盘是：如果真的消灭前秦，打下长安，司马氏的东晋朝廷就会派人来接收物产富饶的关中，而他桓温最多只能捞得个空头的威名；倒不如屯兵霸上，作出可进可退的姿态，以便伸手向东晋朝廷要权、要钱、要粮、要兵，倒可得到实际的好处。东晋朝廷也害怕桓温这一手，所以一再阻止桓温继续北伐，几次叫他回师南下。

桓温觉得这个满身虱子的人确实有谋略，有本领，所以后来他决定回师南下的时候，赐给王猛车马，请王猛跟他一起南归。王猛本来打算跟桓温一起走，他去征求老师的意见，老师认为王猛不能同桓温这样的人共事，叫王猛留在北方，等待机会，所以王猛又决定不走了。

公元 357 年，前秦的东海王苻坚经人举荐找到了王猛，一谈之下，甚是赏识他的才华。苻坚得到了王猛，就像当年刘备得到了诸葛亮。他立刻把成为苻坚的主要谋臣。这年六月，苻坚杀前秦主苻生而自立，任王猛为中书侍郎，掌管机要。此后，王猛历任京兆尹、吏部尚书、司隶校尉、尚书令、录尚书事、都督中外诸军事等要职。

王猛身居高位，得到苻坚的信任，引起了一些官员的妒忌。一天，曾跟随苻坚征战立下汗马功劳的樊世见到王猛，喝斥他说：“我辈辛勤耕耘，你这乡下野人却来坐享其成!”王猛面无表情地慢慢说：“不但要你耕耘，你还要给我烧熟了端来。”樊世闻言大怒，扬言要切下王猛的狗头挂在长安城门口。

又有一次，樊世和王猛二人在苻坚的面前吵了起来，王猛虽少言语，但他那轻视的态度、冷冷的眼神和农夫般的举止却引起了樊世的无比愤怒。樊世以粗陋之辞大骂王猛，令苻坚失色动容。苻坚于是认定樊世倚功欺人，将其斩首于马厩。

苻健皇后强氏之弟强德是个无赖，常干些强抢民女之类的事，横行京城。王猛刚被任命为京兆尹，便下令逮捕强德，将一纸请求处决强德的呈文送至苻坚面前。苻坚还未及批复，他这边已将强德处死。数月之间，氐族权贵被杀被刑的已有 20 余人。氐族权贵从此闻王猛名而色变，王猛抑制贵族势力的一系列举措也得以顺利推行。

为什么一介草民王猛，得到了苻坚的如此信任和重用？因为王猛打击氐族贵族、抑制贵族中的保守势力，正是在加强苻坚的中央集权地位，巩固君主的统治。而那些有功的贵族往往居功自傲，还时时有势力膨胀觊觎皇位的兆头。王猛既顺应了苻坚之意，又以他的卓越才能使前秦的封建化程度大大提高。

王猛抑制氐族贵族势力的手段是加强法治，使原先贵族们享有的特权纷纷丧失。苻坚即位之初，始平(今陕西兴平东南)多氐族贵族，苻坚便任王猛为始平县令。王猛刚到任，便不由分说鞭死了一名不法的官吏，使得贵族们纷纷上书苻坚，要求惩治这大胆的野夫。苻坚亲自审问王猛："为政以德化为先，为什么刚到任便杀戮多人?"王猛答道："治太平之国要用礼，治混乱之邦要用法。"苻坚听后点头，接受了王猛的法治主张。

在王猛的执政下，前秦政治清明，任用人才，奖励农桑，兵强国富，战无不克，境内升平，国家大治。

燕国内讧，慕容垂出走

从公元352年起，中国北方大体上形成了晋、秦、燕鼎峙的形势。这形势存在了十八年，到370年年底前秦灭前燕而结束。淝水之战前的十三年间，是北方获得短期统一的时期，也是晋、秦南北对峙的时期。

慕容氏一族人才辈出，第一代慕容廆是杰出的领袖人物；第二代慕容皝也是文韬武略，志在统一中原，可惜死得太早；第三代慕容恪、慕容垂都智勇兼备，为敌国所畏惮。一个家族，几代相继出现许多优秀人物，历代都很少见。不幸的是，家族内讧太严重，终于给前燕带来了噩运。

慕容皝去世前，曾对嗣君慕容俊说，他的兄弟慕容恪智勇兼备，要多加倚重。慕容俊曾试探地对慕容恪说："将来我死了，就把位子传给你。"慕容恪连连表明态度，决无觊觎君位之意。

慕容俊的才能，比不过四弟慕容恪，也不如五弟慕容垂。慕容恪虽然才略盖世，但为人谦恭内敛，毫不张扬，因此慕容俊对他还比较放心。而慕容垂则完全不同，典型的霸气外露，自幼才华横溢，英气逼人，难免让人敬畏，所以慕容俊对他妒忌有加。

顺便说一句，慕容垂本来叫慕容霸，慕容俊继位后，对这个名字很看不顺眼，慕容霸一次不小心从马上摔下来，牙齿摔缺了一块。慕容俊以此为由，要慕容霸改名为“慕容缺”。慕容霸对这个新名字非常不喜欢，便请求把右边的偏旁去掉，变成了“慕容垂”（繁体字“缺”的左半边）。

连自己的名字都保不住，可想而知慕容垂在二哥当政时的尴尬了。幸亏，有四哥（慕容恪）居中调停，慕容垂得以发挥才能，为国家出力。

公元 360 年，慕容俊驾崩，其子慕容暐继位，由太原王慕容恪辅政。

在四哥辅政期间，慕容垂的才能得到了发挥。公元 365 年，慕容恪、慕容垂出兵中原，闪电般攻下了洛阳。之后慕容恪班师回河北，慕容垂被任命为“都督荆、扬、洛、徐、兖、豫、雍、益、梁、秦等十州诸军事、征南大将军、荆州牧”，如此威风凛凛的头衔，仅仅给了他一万名士兵，镇守洛阳南边的鲁阳。而慕容垂就带着这么一万人马，守住了刚打下来的中原，南边的东晋和西边的前秦都不敢来争夺。

公元 367 年，慕容恪去世。临终前，对皇帝慕容暐说：“吴王（慕容垂）的才能十倍于我，陛下一定要重用他，这样大燕国才能在乱世中图存图强。”

谁知道小皇帝慕容暐的逆反心理太重。他完全继承了老爹慕容俊对慕容垂的厌恶，很快把慕容恪的忠言抛到脑后，只给慕容垂当了个有职无权的官。

这时，东晋的桓温乘慕容恪去世的机会，带着五万大军，北上攻

打燕国，接连击败了燕国大将慕容忠、慕容厉等，一路从江南杀到山东，从山东杀到河南，到了离邺城只有300里的枋头（在今天河南省淇县附近）。慕容暐吓得想要逃跑，慕容垂出来说："不用担心，待我去对付桓温。"于是他带着5万人马去迎敌。

慕容垂深知桓温是天下一等一的名将，士气正旺，不能硬拼。他让主力部队占据要害地点，挡住东晋军队前进的道路，又派弟弟慕容德带着精锐骑兵，迂回切断了晋军的粮道。这么一来，桓温前有阻截，后无粮草。他多次攻击，都被燕军挡住，只好撤兵。慕容垂发挥燕国骑兵速度快的优势，轮番对撤退的晋军进行追尾扰袭；等到晋军士气陷入低谷，再用主力与慕容德的精兵前后夹击。结果，桓温的5万大军，差不多只有1/10活着回到东晋。

慕容垂用兵，屡屡发挥骑兵的机动性，击败敌人的步兵。

慕容垂击败桓温，从此名震天下。但这反而引起了朝中权贵的猜忌。太傅慕容评（慕容皝的弟弟、慕容垂的叔叔，资格老，能力平庸）和皇太后可足浑氏勾结起来，欲置慕容垂于死地。

慕容垂得知消息，非常忧愁。大儿子慕容令也是有勇有谋的青年俊杰，他建议父亲先带着忠于自己的族人占据龙城，然后再向皇帝慕容暐分辨。慕容垂采纳了这个建议，谁知他的小儿子慕容麟却是个阴险冷酷的家伙，竟然偷偷跑到皇宫控诉自己的老爸要造反。慕容垂计划败露，只得带着儿子慕容令、慕容农、慕容隆，以及侄儿慕容楷（慕容恪的儿子）等，于公元369年冬天，逃到了西边的前秦。

前秦皇帝苻坚，早就想攻打前燕，只是忌惮慕容垂。如今慕容垂来投奔，他非常高兴，亲自到郊外迎接，握着慕容垂的手问寒问暖。

慕容垂被迫离开祖国，却得到这样的待遇，自然感慨万千，唏嘘不已。

苻坚的宰相王猛对慕容垂的才略非常忌讳。他悄悄对苻坚说："慕容垂文韬武略，而且野心很大，必然不会甘心在您手下。如今乘着他虎落平阳，下手杀了他，免得日后成为祸患！"

仁慈的苻坚却说："慕容垂走投无路才来投奔我，如果杀害他，我如何面对天下？"他不但没有听从王猛，反而任命慕容垂为"冠军将军"，还封他为宾都侯。

慕容垂暗藏复国梦

苻坚这样宽厚，王猛还是处心积虑想除掉慕容垂。经过长期的观察和谋划，他终于找到机会，设下一个圈套。

当时，王猛率领军队往东去攻打前燕占据的洛阳，让慕容垂的长子慕容令作为参谋跟随军中。部队出发前夕，王猛私下宴请慕容垂，闲聊一阵后说，如今要去打仗了，您能否送我一件礼物，让我能够睹物思人呢？慕容垂还不知道王猛对他不怀好意，就把贴身的一把金刀送给王猛。慕容令也不知道这事。

等部队到前线后，王猛派人伪造了慕容垂的书信，连同金刀一起送给慕容令说："秦王虽然对我们很好，但王猛却怀有杀心。听说现

在慕容暐已经后悔了，咱们还是回燕国去为好。我已经逃出来了，你也赶快跑吧。”

慕容令接到信，看见老爹的金刀，就信以为真，带着几个亲随连夜跑回燕国去了。王猛趁机抓住这事，向苻坚控告慕容垂父子造反。慕容垂得知后，吓得魂飞魄散，只得真的逃跑，结果被王猛安排的追兵抓获。

看来，这一次死定了。

谁知苻坚看见五花大绑的慕容垂，不但没有处罚，反而解开他身上的绳索，含泪对他说：“您因为在国内遭到迫害，所以来投奔我，心中一定还怀着对乡土的怀念吧，这也是人之常情。只可惜燕国的灭亡，已经不可挽回，慕容令回去，只怕反而要受害呢。就算他跑了，也不应该株连到您，何必这么匆忙狼狈呢？”于是恢复了慕容垂的官职。慕容垂感动得说不出话来，王猛则气得说不出话来。而慕容令逃回燕国后，反而被慕容评迫害致死。

稍后，苻坚便令王猛带领6万大军讨伐前燕。前燕虽然拥有数十万人马，但慕容评昏庸贪婪，被王猛摧枯拉朽，一阵横扫，便大败亏输。公元370年冬天，秦军浩浩荡荡进入邺城，俘虏了小皇帝慕容暐、太傅慕容评等人。

这时，距慕容垂离开燕国仅仅一年。

曾经是天下最强的前燕，就此灭亡。面对这个结局，慕容垂感慨万千。迫害他的同族人现在都当了俘虏，可是自己曾经为之奋战的大燕国，也沦为了别国的战利品。

人中龙凤的慕容垂，是不会甘心坐视的。他暗中积蓄力量，准备抓住一切机会，实现自己的梦想——复兴被慕容暐和慕容评糟蹋掉、被苻坚灭掉的祖国。

灭掉前燕之后，苻坚和王猛通力合作，使前秦成为富强繁荣的大帝国，中国北方的各族民众过上了难得的安稳日子。

苻坚这个人心胸宽广、爱才惜才，确实有王者之相，但他也有致命的缺点。他以慕容垂为能人，竭力笼络，使他肯为秦效忠，这是对的，然而同时把慕容垂的段夫人引做情妇，则又与上述目的背道而驰了。慕容冲相貌俊美，苻坚竟纳为自己的男宠，这更是恶德。

后来，王猛去世。他给苻坚留下遗言：第一，千万不可大规模进攻东晋；第二，要防备境内的数百万鲜卑族人和羌族人。

王猛说得没错，羌族的姚苌和鲜卑的慕容氏，这都是暗藏在前秦内部的定时炸弹。不过苻坚还是以一贯的乐观和开明对待他们。而慕容垂也并不准备在太平时候动手。

平定前凉、代北

苻坚在王猛的辅佐下，将秦国治理得不错，国力强盛，人民安康。但王猛积劳成疾，于宁康三年（375 年）六月病危。苻坚为了治好王猛的病，不仅派了最好的御医，并且亲自拜宗庙、祭上天，祈求黄河、

五岳诸神，特赦死罪以下罪犯。但王猛还是在一个月后病亡，时年五十一岁。王猛临终前给苻坚提出最后一个建议：不要攻打东晋，集中精力肃清国内鲜卑、西羌的力量。

王猛死后，苻坚对天痛哭道：“这是上天不想让我一统天下啊！”苻坚按照汉大将军霍光的规格安葬王猛，又谥王猛为“武侯”，这本是诸葛亮的谥号，苻坚以此来说明王猛在他心中的地位。

王猛死后，前凉的张天锡又开始与东晋接触，准备向东晋称藩。苻坚便以这个理由进攻前凉。他先派尚书郎阎负和梁殊去诏请张天锡入长安，同时派苟苌、毛盛、梁熙、姚苌等率十三万大军分四路陈兵边境，同时命秦州刺史苟池、河州刺史李辩、凉州刺史王统作为预备军。如果张天锡拒绝来长安，便立刻发兵。

张天锡是个很梗气的人，他问前秦的这两个使者：“你们是想站着回去呢？还是想躺着回去？”

阎负和梁殊一听张天锡语气不善，遂反问道：“您是想奉诏去长安呢？还是不去长安？”

张天锡道：“我本是晋朝之臣，世代忠义，岂肯奉秦贼的诏？”

阎负和梁殊二人一听，估摸着张天锡是已经下定决心让他们躺着回去了，都很惊讶。阎负说：“你们凉国曾经向刘汉和石赵称臣，后来又向我大秦称臣，凭什么自称世代忠义？”

梁殊也叹道：“可惜凉州自先祖武公莅凉以来，历经八世七十多年，如今却要亡在你的手里。”

无论二人如何劝说，张天锡已经是下定决心和前秦翻脸了。他让士兵把两个人绑在军门，然后招来士兵，一齐向二人射箭。张天锡说：

“凡是不能射中二人的，一定是有异心。”士兵们一齐去射二使，竟然没有一支箭射偏。射完之后，两个人就像全身长满了刺一样。

前秦得到二使被射杀的消息，便开始进攻。苟苌先派扬武将军马晖、建武将军杜周，西出恩宿（今甘肃永昌南），截断张天锡逃走的路，然后派姚苌、梁熙、王统及李辩四路兵马从清石津渡黄河，进攻河会城（黄河与湟水汇合处）。前凉骁烈将军梁济战败投降。

苟苌也带一支军队由石城津（今兰州西北）渡黄河，与梁熙等四部会合后，猛攻缠缩城（今甘肃永登南），很快攻下城。前凉的主将马建虽带兵五万，却不敢出战，而是退守清塞（今甘肃石浪境）。同时张天锡又派征东将军常据率军三万进驻洪池岭（今甘肃武威南），自率军五万屯金昌（今甘肃永昌北）。三军形成三足之势。

不久，姚苌与马建决战。马建失败后虽然仍有一定的实力，但他无心再战，率一万余人投降，剩下的凉兵不愿投降，全部溃逃。苟苌攻入洪池，常据兵败后不愿投降而自杀。

张天锡再派司兵赵充哲率最后的一支军事力量与前秦军战于赤岸（今甘肃武威东南），整整打了两天。凉军再败，四万人只剩下一千多人，赵充哲战死沙场。此时张天锡只有一万多人了，他仍然坚持，准备坚守金昌城。这时金昌城内发生叛乱，张天锡只好带三千骑兵逃回姑臧（今甘肃武威）。很快前秦军又追到姑臧，张天锡知道自己无力再战，只好出降，前凉灭亡。时晋太元元年（376 年）八月。苻坚以梁熙为凉州刺史，留守姑臧；把凉州有势力的豪族七千余户迁到关中，封张天锡为归义侯，拜北部尚书。

前秦灭凉的时候，东晋桓冲派兵攻秦以分散秦军的兵力。兖州刺

史朱序、江州刺史桓石秀与荆州督护桓罴进攻汉水流域，豫州刺史桓伊从寿阳向北进兵，淮南太守刘波以水军从淮河向山东进攻，但各路军队都没取得实质性的进展。前凉被灭后，东晋所有军队又撤回防地。

到这个时候，北方诸国只剩下代国没有被前秦兼并了。

代王猗卢死后，代国内乱不断，代王王位在很短时间内几经易手后，最后落到拓跋贺傉头上。贺傉的母亲是拓跋猗卢的弟媳妇惟氏。惟氏一直执掌代国朝权到324年病亡后，贺傉才有机会亲政。贺傉仅亲政一年便病逝，其弟拓跋纥那继王位。

拓跋纥那与哥哥文弱懦弱的性格大不相同，性格刚猛又好用兵，很快统一了各部。但公元327年，纥那与石虎打了一仗，纥那大败，只得迁都大宁（今河北张家口）。公元329年，贺兰部及其他各部酋长拥立纥那的堂侄，也就是拓跋郁律的儿子拓跋翳槐为代王。纥那带兵镇压，兵败后逃往辽东的宇文部。拓跋翳槐成为代王。

公元335年，翳槐和当年拥立他的舅父贺兰部酋长贺兰蔼头发生矛盾，并引发战争。纥那趁机从宇文部返回，再次被拥立为代王，翳槐则逃到后赵。公元337年，翳槐在后赵将领李穆保护下来到大宁，夺回代王位。纥那逃到前燕，后不知所终。

晋咸康四年（338年）十月，翳槐死，遗命其异母弟拓跋什翼犍为代王。拓跋什翼犍继位时十九岁，在位时进行了大规模有利于国家的改革，并且不参与中原的战争，国力得到发展，在位三十余年，其疆域发展到东起秽貊（今黑龙江嫩江流域），西到破落那（今中亚的亚费尔干纳盆地），南达阴山（内蒙古自治区中部到河北省西北部），北至沙漠，人口近百万。

苻坚灭凉之后，便以幽州刺史、行唐公苻洛为北讨大都督，率十万军队进攻代国；又命后将军俱难、镇军大将军邓羌、尚书赵迁、李柔、前将军朱肜、前禁将军张蚝、右禁将军郭庆等分领共二十万大军，与苻洛联攻代国。

代国虽然中兴，但力量仍然不能与前秦相提并论，代王什翼犍又在重病之中，病得连路都走不了，根本没办法指挥战斗。代军屡战屡败，代王什翼犍只好向秦国称藩。苻坚于是撤兵。此时为太元元年（376年）十二月。

秦兵撤退后，代国立刻发生了叛乱。

当年拓跋翳槐死后，遗命立什翼犍。可是当时什翼犍正在后赵当人质。各部落酋长认为什翼犍难以返还，就准备拥戴什翼犍之弟拓跋孤，拓跋孤拒绝，并自愿前往后赵作为人质以交换什翼犍。后赵天王石虎被其情义所感动，干脆把两个人都送回国。什翼犍对这个弟弟也很感激，于是继位后便把国土一半封给拓跋孤。但拓跋孤死后，代王并没有让拓跋孤的儿子拓跋斤继承这块庞大的封地。于是拓跋斤对什翼犍产生了仇恨，一直等待机会报复。这时，什翼犍连遭大败，又沉疴难愈，拓跋斤认为机会来了。

什翼犍原来立嫡长子拓跋寔为王储，后来长孙斤发动兵变，拓跋寔与之交战，杀死长孙斤，自己也重伤不治而亡。什翼犍很喜欢这个儿子，又因为儿子为护己而身亡，便一直没有立嗣。什翼犍其他几个儿子便都一直觊觎世子的位子。拓跋斤向代王庶长子拓跋寔君表示愿意拥立他为代王，并且说代王将立慕容妃之子为嗣，让他早点下手。拓跋寔君为了夺代王位，与拓跋斤联兵发动政变，杀死父亲什翼犍，

又把几个弟弟全部杀死，只有最小的弟弟拓跋窟咄得以逃脱。

正在镇守边境的秦军将领李柔和张蚝趁势带兵攻破云中，擒住拓跋斤与拓跋寔君。苻坚了解到代国内乱的原因后，便将拓跋寔君与拓跋斤押入长安，然后用车裂的酷刑杀死。苻坚派人查找什翼犍的子孙，只有什翼犍的小儿子拓跋窟咄和什翼犍的孙子拓跋珪还活着。苻坚遂命将这两个人及其家人全部送到长安。其实就是把代国有地位的王族当人质。

代国的旧臣燕凤担心代国从此再没有复国的机会，于是说拓跋珪留在代国有利于牵制刘卫辰。刘卫辰是匈奴部落，苻坚利用他统治北部黄河以西诸民族。但刘卫辰脑后有反骨，一会儿叛秦投代，一会儿叛代投秦，苻坚对此人也很头疼，但也不得不利用他的威信来使北方安定。苻坚所以听从了燕凤的话，让代国旧将刘库仁奉养拓跋珪母子，将拓跋窟咄迁入长安，送入太学读书。拓跋珪时年五岁，后成为北魏王朝的开国皇帝。

至此，秦国完全统一了北方，并且还占有了西南之地，比当年三国时曹魏的国土还要大许多，但前秦的天下之志还没有实现。

兵指东晋

平定诸国后，苻坚的个人生活渐渐奢侈起来，宫殿讲究豪华，车马饰以珍宝。尚书郎裴元略劝谏道："臣下听说尧舜住着茅草屋，周天子住在低矮的宫室，而秦始皇穷奢极欲。希望陛下能轻视金玉，重视粮食衣帛，关心百姓疾苦，奖励耕织，淳化风俗，这才成远追上古的圣王。"苻坚听后赞赏有加，封他为谏议大夫。

秦王苻坚身上这些细微的变化，让慕容垂的儿子慕容农蠢蠢欲动。他偷偷对父亲说："自从王猛死后，秦国的法制出现了松弛的情况，再加上秦王奢侈，大祸即将到来。预言书上所云燕国必将复兴的话，肯定要应验。大王应该顺从天意，结交英雄豪杰，机不可失啊!"慕容垂老谋深算，说道："天下大事不是你所能预料的。"——他还在冷眼旁观。

王猛生前曾一再告诫苻坚不要招惹东晋，但对于一直以来顺风顺水的苻坚来说，任何人的话都丝毫动摇不了他"混一六合"的决心。他以人数稀少的氐族在短短的数年之间建立起了幅员辽阔的王国，在各个方面都取得了对东晋朝廷的优势，顺势迈开统一的步伐，于他本人在所难免。

太元三年(378年)二月，前秦王国在灭掉西凉和代国休整一年之后，正式拉开了进攻东晋的序幕。苻坚的第一步计划，就是集中兵力，一举拿下襄阳，夺占荆州北部地区，扭转东晋朝廷的进攻态势。

东南政权立国的模式都是“以扬州为根本，委荆州以阃外”。失去荆州，江南无以独存，而襄阳位于南阳盆地的南部，又处于南北对抗中决定双方攻守的重要节点：北方如果要南下，首当其冲的就是拿下襄阳；而南方要想出武关、入关中，或者北上直抵洛阳，首先也是要牢牢地控制襄阳。

前秦军队在大举进攻襄阳之前，应该已经拿下了南乡、鲁阳等东晋荆州防御体系的外围据点。

苻坚命令征南大将军、都督征讨诸军事、代理尚书令、长乐公、庶长子苻丕，武卫将军苟苌，尚书慕容玮率领步骑七万作为主力，从长安出发，发起了对襄阳的进攻。另外，苻坚还派遣四支部队配合苻丕主力作战，他们分别是：荆州刺史杨安率领樊城和邓县（河南省邓州市）的部队为先锋，以征虏将军、屯骑校尉石越率领一万精锐骑兵从鲁阳关（河南省平顶山市鲁山县）南下，派遣京兆尹慕容垂、扬武将军姚苌率领五万部队从南乡（河南省南阳市淅川县）南下，领军将军苟池、右将军毛当、强弩将军王显率领四万精锐军队从武当（湖北省丹江口市境内）东进。

五支部队人数在二十万左右，全部抵达襄阳城下之后，即发起总攻。

此时的南阳城尚在东晋的手中，而苻坚主力置南阳于不顾，采取跨点进攻的办法，应该是基于对秦军实力强烈的自信，也是摸清了桓冲不敢北上救援襄阳的心理。

四月，秦军主力部队长驱直抵沔水（即汉江）北岸。此时驻守襄阳的正是东晋使持节、监沔中诸军事、南中郎将、梁州刺史朱序。朱序是桓氏旧将，字次伦，其父朱焘曾为益州刺史。朱序以为秦军没有船只无法渡江，因此毫不担心，也没有防备。然而，出乎所有人预料的是，石越却将自己率领的一方精锐骑兵分出一半，他亲自率领五千壮士牵马渡过了沔水!

襄阳告急

前秦石越的五千精锐骑兵，突然出现在襄阳城下，让朱序及守城晋军大惊失色。

慌乱之中，朱序只好放弃外城。石越所部迅速攻克了襄阳的外城，缴获了晋军一百余艘船只，并利用这些船只将秦军剩余部队全部摆渡过江。前秦大军遂将襄阳内城团团包围了起来。

在秦军尚未到来之时，朱序的母亲韩氏登上内城城墙查看，韩夫人发现城墙的西北角不够坚固，她亲自率领家中一百多名婢女以及城内的妇女们，在西北角又加筑了二十余丈的新城墙。秦军到来之后，果然朝西北角发起了猛攻，防守西北角的晋军抵挡不住，只得退守到

新城之内。这座新城遂被称为“夫人城”。由于“夫人城”的存在，晋军一时无虞，秦军攻势受挫。

前秦总指挥苻丕打算一举拿下襄阳，而苟苌却说：“我军将士十倍于敌，军粮像小山一样多，只用将两岸的居民迁往许昌和洛阳，再截断晋军的粮道，切断他们的援军，襄阳的晋军就如同网中的飞鸟，再无脱身的可能。如果硬攻，会让我军将士伤亡增多，这又何必呢?”苻丕采纳了苟苌的建议，派遣苟池、石越、毛当率领五万军队继续南下，驻屯在江陵附近，以防备桓冲北上救援，而主力大军则对襄阳围而不打。与此同时，从南乡而来的慕容垂所部也攻下南阳，活捉了东晋南阳太守郑裔。慕容垂继续南下，与苻丕大军会师于襄阳城下。

驻守长江以南上明的东晋荆州刺史桓冲，拥众七万，可面对江陵附近的苟池所部，他却不敢渡江北上。

襄阳之战陷入僵局。

为了打破僵局，前秦兖州刺史彭超上书秦王苻坚，请求开辟第二战场，进攻东晋的彭城（江苏省徐州市）。他上书说：“东晋沛郡太守戴逯率领数千军队驻守彭城，臣请率领五万精兵拿下，再请求朝廷另派大军，进攻淮河南岸东晋的各个城池，为征南大将军苻丕的战局制造一步‘打劫’之棋。东西并举，则建康一定能够拿下!”苻坚听从了彭超的建议，任命彭超为都督东讨诸军事，并命令后将军俱难、右禁将军毛盛、洛州刺史邵保率领七万步骑，进攻东晋的淮阴（江苏省淮阴市）、盱眙（江苏省盱眙）。

彭城为淮北之本，而淮阴、盱眙则是淮河下游的两个重镇，淮阴扼泗水入淮之口（即泗口）。盱眙、淮阴相互依托，与北面的下邳、彭城共同构成淮河下游两岸防御体系。这既是晋军屏护淮南的重要支点，又是东晋军队北上的必经之路。桓温第三次北伐就是从广陵人中渎水道北上，抵达泗口，出彭城而进入北方的。彭超此议主要是牵制东晋下游军队，相机夺占淮北地区，控制南下的要道。

在襄阳之战打响三个多月后，彭超率领秦军发起了对彭城的进攻。与此同时，西线的前秦梁州刺史韦钟也率军进攻魏兴（陕西安康西北），将东晋魏兴太守吉挹包围在西城（陕西安康西北）。初战吉挹斩杀了秦军七百多人。起初，韦钟不愿屯兵魏兴城下，而是率军继续东下，想与秦军襄阳攻城部队会师，但吉挹率军出城，在半道上截击秦军，共斩杀秦军五千余人。韦钟大怒，回师再次将魏兴团团包围，吉挹又多次击败秦军的进攻。

闻听前秦大举进攻的消息，孝武帝司马曜下诏命令右将军毛穆之率领五万军队，镇守姑熟以防御前秦军队。

前秦军队的进攻看似气势汹汹，然而却并不顺利。襄阳被围半年之久却迟迟不下；彭城戴逯以数千之众固守穷城，数月之间彭超也是无计可施；西城的吉挹也是坚守不降。太元三年（378 年）年底，前线没有进展，前秦的后方却出现了变乱。

巴西（治今四川阆中）人赵宝在梁州起兵，自称晋西蛮校尉、巴郡太守；而前秦豫州刺史、北海公苻重也在洛阳谋反。苻重的谋反反映了前秦宗室内部矛盾重重，而赵宝的起兵则说明前秦新统治区内的各族民众并不完全服从苻坚的统治。苻重谋反一事很快就传到了苻坚的耳中，苻坚说：“苻重的长史吕光忠孝方正，一定不会与其同流合污。”立即命令吕光将苻重抓获，用囚车送到长安。苻重被送至长安以

后，苻坚并没有将其诛杀，而是赦免了他。不久，苻坚又征召吕光为太子右率。

十二月，前秦御史中丞李柔上书弹劾苻丕说：“长乐公苻丕等人拥众十万，进攻小城，大军一天要浪费一万金，却一直没有成功，请求陛下将其打入大牢。”苻坚回答说：“苻丕等人浪费很多而没有进展，的确应予惩处。但是，大军既然已经延误，不能就此无功而返，今特原谅众将，让他们将功补过!”他命令黄门侍郎韦华持节南下，来到军中，严厉斥责苻丕等人，并交给苻丕一把宝剑，转达苻坚的旨意：“明年春天尚不能攻拔襄阳的话，你就用这拔剑自杀谢罪，不用再佩戴着它来见我了!”

苻丕及围城众将听到皇上的严令，都非常害怕，不知如何是好。征南大将军主簿王施说：“以大将军的英明、诸将的勇猛，去进攻这样一座小城，与大火焚烧羽毛有什么分别？我军之所以暂缓进攻，是打算以计谋取胜。如果要决战决胜，指日可待。今天如果攻破了襄阳，上明方面的敌人自然会撤退，这还有什么可疑的呢？请求给我十天的期限，我军全力攻城；如果超过十天拿不下襄阳，我愿意率先自杀谢罪!”

此时，为了全力进攻襄阳，苻丕已经将苟池等南下江陵之军调回了襄阳附近。而苟池离开江陵之后，东晋朝廷下诏命令冠军将军刘波率领八千晋军北出江陵，解救襄阳之围，但刘波兵少将寡，迟迟不敢发起进攻。

东晋的顽强抵抗

一向所向披靡的前秦军队遇到了晋军的拼死抵抗，这让秦王苻坚始料不及。

就在他对儿子苻丕发出了严厉的诏书之后，秦王苻坚打算亲自前往襄阳，以尽快结束战斗。他的具体打算是命令弟弟苻融统率关东的大部分部队完成进攻寿阳的任务，而以梁州刺史梁熙率领河西之兵作为后援。此时的苻坚初次显示了他意气用事的个性。

苻融上书劝谏说："如果仅仅是为了攻取襄阳，又何必亲劳大驾？自古以来从未有过为了攻取一座城市，而动用全天下的兵力的，这就是所谓的用珍贵的随侯之珠来射取高空中的燕雀，得不偿失啊！"

梁熙也劝说道："晋主的残暴尚不如孙皓，江南山川险固，易守难攻。陛下一定要统一天下，也不过是派遣各路将领，率领关东之兵南下进抵淮河、泗水；命令巴蜀之军东出巴山、三峡，又何必要亲自远涉荒山野泽呢？过去，光武帝刘秀消灭公孙述，晋武帝司马炎活捉孙皓，也没有听说这两位皇帝亲自统领三军，去冲锋陷阵的啊！"听了两位重臣的谏言，苻坚这才作罢。

襄阳城内的朱序率军屡屡出战，多次击败秦军，迫使秦军逐渐退

到离襄阳稍远的地方。看到秦军退去，经过了数月苦战的襄阳守军和朱序本人，一下子松懈了下来。

太元四年（379 年）二月，襄阳督护李伯护偷偷派儿子出城与秦军约降，欲里应外合献出襄阳。苻丕急令秦军发起对襄阳的总攻。

在李伯护的配合下，近二十万秦军经过十余月的苦战，终于攻进了襄阳。秦军抓获了朱序、道安和习凿齿，并将三人送至长安。苻坚以朱序能够守节，拜为度支尚书，但朱序拒不接受；苻坚最恨不忠之人，下令将李伯护诛杀；将道安送到长安五重寺，倍加礼遇，在长安期间，道安法师主持翻译了十四部佛经；苻坚见到习凿齿以后，也十分欣赏，赏赐甚厚，不久习凿齿因病又回到了襄阳。

苻坚重用被俘之人，而且盲目信任，实在很不明智。后来淝水大败，朱序起了很大的破坏作用，就是一个典型例子。

襄阳陷落以后，襄阳以北的东晋城池失去了后方支援，也相继被秦军占领。前秦将军慕容越攻下顺阳，抓获太守丁穆，苻坚想要任命他一个官职，但他拒绝接受。后来，丁穆趁着苻坚即将大举南侵，打算联络关中人士进攻长安，事泄被杀。

前秦军队好不容易占领了襄阳，结束中线战事，但东线彭城和西线魏兴的战事却仍在如火如荼地进行着。

前秦兖州刺史彭超从上一年的八月开始进攻彭城，到襄阳战事结束时仍然没有将其拿下。

东晋朝廷得知前秦将要大举入侵，曾下诏要求谢玄征召三州人丁补充军队，并派遣当时的彭城内史何谦之率领部分军队在淮河泗水附近声援彭城守军。而此时，东晋朝廷又命令兖州刺史谢玄率领新组建的一万多军队，带着东莞太守高衡、后军将军何谦之北上解救彭城。

抵达淮河岸边的泗口后（今淮安境内），谢玄打算派人联络彭城守将戴逯，可是秦军将彭城围得水泄不通，无法进城。谢玄正为此事发愁，部将田泓自告奋勇前去彭城传话。谢玄询问他如何进城，田泓回答从水路潜水而行。谢玄同意了，然而田泓没有穿过严密的封锁线，被秦军巡逻部队抓获。秦军答应给其重赏，让他对城内的军民说晋军的援军已经被击败，彭城再无希望。田泓答应了秦军的请求，并被一队秦军士兵看护着来到了彭城城下。当看到城内的晋军以后，田泓大声呼喊道："援军即将到来，我独自一人前来报信，被贼人抓获。你们千万要努力坚守!"听到田泓带来的消息，坚守了半年多的彭城军民士气大振，而田泓此举让秦军恼羞成怒，他们当着彭城军民的面，残忍地将壮士田泓诛杀。

此时的情况与襄阳之战几乎一模一样：敌人数量远远超过城内守军和东晋援军，除了围城秦军之外，尚有将要到来的准备进攻淮阴盱眙的七万秦军，一旦这七万秦军到来，将彻底打碎救援彭城的任何努力。对于晋军而言，情况非常复杂，也十分危急。

也就在这时，谢玄第一次展露出他过人的军事才能。面对数倍于自己的敌人，他没有选择直接解救彭城，而是想出了一条巧妙地调动敌人的声东击西之计。当时，秦军的辎重留在彭城西北的留城（江苏省沛县东南），谢玄扬言将要派遣何谦之等人率领大部队偷袭留城。听到晋军将要偷袭留城的消息，彭超赶紧撤出了彭城大部分的围城部队，回到留城附近守护辎重。而一见秦军撤围，何谦之即调转方向，率军飞速向彭城挺进，直抵彭城城下，击溃了彭城城下的残余秦军，将戴

逯所部救出。自此，戴逯成为谢玄的部将。

顺利救出戴逯之后，谢玄并没有意气用事，在淮北地区与秦军野战，而是放弃了彭城，从容率部又退回了广陵。彭超发现上当，率军回到彭城，可此时的彭城已是一座空城。他任命兖州治中徐褒驻守，自己则率领大军继续南下，进攻盱眙，与此同时，前秦后将军俱难所部也拿下了淮阴，留下洛州刺史邵保驻守。

至此，东线战场第一阶段战事结束。在这一阶段，东晋朝廷被迫放弃了淮河以北地区，而前秦军队在占领淮北以后，又攻下了淮河下游南岸的淮阴，但东晋军队巧妙地撤出了彭城守军，保存了实力。

与此同时，西线魏兴方面也激战正酣。

由于荆州方面吃紧，东晋朝廷下令将镇守姑熟的桓氏旧将毛穆之西调上明，接受桓冲的统一指挥。面对荆州敌人强大的压力，桓冲采取了“围魏救赵”的策略，他命令右将军毛穆之率领三万军队溯江西上，乘虚进攻巴蜀，以缓解魏兴、荆州方向的压力。毛穆之的兵锋直指巴中（重庆市），并很快将其占领。占领巴中以后，蜀地居民李焉等人也聚集了两万多人，将成都团团包围。东晋军队则迅速向北推进，企图接应受到攻击的魏兴，前锋督护赵福、将军袁虞等人则率领一万水军直抵巴西。晋军在巴西遇到了前秦军队的顽强抵抗。前秦南巴校尉姜宇派遣将军张绍、仇生等人率领五千军队抵御，双方在南县激战。长途跋涉而来的晋军几乎全军覆没，死亡失踪共计七千多人，毛穆之只好撤到巴东（重庆市奉节县）。

情况立即发生了逆转。苻坚任命太子右率吕光为破虏将军，从长安发兵南下增援益州，一战击溃了失去晋军接应的李焉起义军，稳定了益州局势。至此，魏兴四面的东晋据点完全被前秦军队拔掉。尤其是襄阳陷落以后，秦军从襄阳附近撤出，源源不断地分散支援西线和东线战场。四月二十六日，前秦梁州刺史韦钟终于攻陷了魏兴。

魏兴陷落之前，吉挹眼看城将不守，提前写下遗书，然后拔刀想自杀。吉挹的朋友拉住他说："暂时忍耐一下，想想其他办法；如果无计可施，再自杀殉国不迟。"吉挹不听，他的朋友和身边的人强行夺去了吉挹手中的刀。这时，秦军蜂拥而入，捉住了吉挹。被俘之后的吉挹一句话不说，一粒粮食也不吃，数日之后，绝食殉国。魏兴陷落之后，吉挹的参军史颖带着吉挹的遗书辗转逃回东晋。桓冲上书朝廷请求予以褒赠，东晋朝廷追赠其为益州刺史。

秦王苻坚自九年前灭燕开始，所向披靡，且敌人的内部从来不乏奸臣、内贼。灭燕前，慕容垂投奔秦国；讨伐仇池时，仇池公杨篡叔父杨统投降秦国；进攻西凉，马建临阵投降；北伐拓跋，拓跋翼圭缚父请降，高车部众纷纷背叛。而进攻东晋的巴蜀襄阳之时，秦军却遭到拼死抵抗，而且遇到了不少死节之臣，因此，在他听说吉挹死去后，不禁叹息道："为何晋朝就有那么多忠臣呢?!"

收复淮南，北府兵显威

太元四年（379 年）三月，秦军中线攻陷了襄阳，东线占领了彭城，并攻下了淮阴，西线的魏兴还在鏖战，就在此时，东晋派出了毛穆之的西进部队。

二月，东晋境内发生了大范围的传染病，这对危机四伏的东晋来说可谓是雪上加霜。

三月十日，时年十七岁的孝武帝司马曜下诏称："敌人大举进攻，所在郡县相继沦陷，军国事务数倍于平日，百官要齐心协力，做好各项工作。加上遇到了灾荒之年，百姓饥馑穷困，特令宫廷供给之物务必节俭，皇族开支、百官俸禄均暂时减半。其他劳役消费，只要不是军事需要的，都要停止或减少，以应对目前的局面。"诏书下发一个月后，西线的魏兴城陷，太守吉挹自杀，而东线的秦军则正酝酿着一场进攻淮南的大战。前秦右将军毛当、强弩将军王显等也率领两万骑兵，从襄阳前线调往东线，协助东线军队进攻盱眙。

盱眙，位于淮阴西南，是淮南的又一重镇。自秦兖州刺史彭超于二月占领彭城、后将军俱难攻陷淮阴之后，两人即领兵南下合力进攻盱眙，至今已包围盱眙两个月之久，但盱眙城迟迟攻不下。这也是秦军从襄阳调兵东进的原因。此时，前秦用于淮河下游地区的兵力已经多达十四万人。太元四年（379 年）五月十四日，经历了两个多月的围攻之后，前秦军队终于攻陷了盱眙城，抓获东晋高密内史毛躁之。

攻陷盱眙之后，前秦军队马不停蹄，继续南下，进攻三阿（今江苏高邮境内）。

三阿，是东晋淮河下游防御体系的第二道防线，也是东晋幽州刺史、并州刺史、冀州刺史和青州刺史的侨治治所，驻守在此的是东晋幽州刺史田洛。

秦军包围了三阿，距离兖州刺史治所广陵（江苏省扬州市）仅百里之遥。如果秦军拔掉三阿，将直接饮马长江，因此，东晋朝廷一片震惊。孝武帝司马曜急诏命令谢安之弟谢石为征虏将军，率领水军进抵涂中（安徽省滁州市滁河一带）；命令右卫将军毛安之，游击将军、河间王司马昙之，淮南太守杨广，宣城内史丘准等率领四万晋军进抵堂邑（江苏省六合县北）；又命令谢玄的兖州军队与上述两支部队一起合力解救三阿。同时，司马曜还命令长江两岸军队加强警戒。

秦军右将军毛当、将军毛盛迎击东晋援军。趁着东晋右卫将军毛安之等部在堂邑立足未稳，毛当所部发起突然袭击。东晋四将缺乏协作，相互惊扰，四万军队立时溃散，建康局势更加严峻。

与此同时，兖州刺史谢玄率领三万兖州军队自广陵进驻白马塘(今地不详)。前秦后将军俱难命令将军都颜率领骑兵进击谢玄所部，双方在白马塘西边展开了激战。前秦军队经过十个月的紧张战斗，已经十分疲劳；而谢玄的兖州军队在救出了彭城戴逯之后，就一直在广陵休整。此时，早已摩拳擦掌的兖州军队以一当十，大败秦军，并临阵斩

都颜。

白马塘西之战，是谢玄新组建的兖州军队与前秦骑兵第一次面对面交锋。它是十个月来晋军对秦军的第一次大胜，极大地鼓舞了晋军士气。

击败秦军都颜所部之后，谢玄继续推进到三阿附近。五月二十五日，围困三阿城的秦军主力军团转而与谢玄所部在三阿城下激战，初战告捷的谢玄所部气势如虹，在三阿城下再次击败了秦军俱难、彭超之军。秦军撤三阿之围，退守盱眙。

谢玄的军队与三阿城内的田洛守军合兵一处，聚集了五万人马，于六月七日继续北上开始收复失地。谢玄军推进到石梁，与田洛军一起发起对盱眙的进攻。俱难、彭超悉数出战，但两次战败的秦军已无战心，第三次大败，向东逃往淮阴。

驻守淮阴的是前秦洛州刺史邵保。秦军自南渡淮河以后，就在淮河上架设浮桥，军需物资从淮河北岸经这里源源不断地运至南岸，这里也是连接两岸秦军的重要通道。深谙兵法的谢玄没有给秦军太多喘息的机会，收复盱眙不久，即命令部将何谦之、都护诸葛侃率领水军，趁着涨潮从水路直扑淮阴，趁夜焚烧了秦军的淮河浮桥，切断了秦军的退路后，晋军又与淮阴秦军展开激战。俱难等人第四次被击败，率领残兵败将狼狈逃往淮河北岸，驻守淮阴的邵保也被晋军临阵诛杀。

谢玄的兖州之军自出师以来，仅仅十余天就取得了四场大捷，将秦军赶出了淮南地区。然而，这还没有完。

谢玄亲自率领何谦之、戴逯、田洛等全力追击，连战连胜的晋军如入无人之境，在君川第五次将秦军击败。君川之战，前秦军队几乎全军覆没，主将俱难、彭超两人单枪匹马渡过淮河，仅仅保住性命。

秦军的十余万大军，在数十天之内伤亡殆尽。这是自秦王苻坚登基以来，前秦军队第一次惨败。消息传到长安，苻坚大怒，命令用囚车将彭超抓回长安问罪。彭超闻讯畏罪自杀。苻坚又将俱难废黜为平民。有过就有功，有罚就有赏，为犒赏堂邑之功，苻坚下令任命毛当为平南将军、徐州刺史，镇守彭城；任命毛盛为平东将军、兖州刺史，镇守胡陆（山东省鱼台县东南）；任命王显为平吴校尉、扬州刺史，镇守下邳（江苏省睢宁县西北）。

将秦军赶出淮南之后，东晋朝廷从容地将坚守在淮河北岸堡垒里的军民，撤往南岸。君川大捷的意义不仅在于它是一次胜仗，更重要的是它让前秦占领淮南的战略企图破产了，使得继之而来的前秦灭晋之战变得更加复杂和艰难。

君川大捷以及此前的四次胜利，让谢玄的兖州军队真正成了一支令国人尊敬、让敌人胆寒的劲旅。自此，北府兵对东晋以后数十年的政局一直具有极其重要的影响。

君川大捷之后，孝武帝司马曜派出殿中将军前往谢玄军中慰问，晋升谢玄为冠军将军，加领徐州刺史，晋封其为东兴县侯；北府主要将领刘牢之也因功被加封为鹰扬将军、广陵相。

谢玄加领徐州刺史之后，原徐州刺史王蕴被征召为尚书仆射、左将军如故，不久又升为丹阳尹。王蕴不愿意在朝中任职，坚决要求调往地方。此时正巧会稽内史郗愔要求退休，于是朝廷将王蕴任命为都督浙东五郡诸军事、镇军将军、会稽内史，接替郗愔的职务。

淝水之战

晋军捷报传到建康时，谢安正在与宾客下棋。他把捷报看过，随手就放在旁边，依旧下棋。客人却耐不住，问是什么消息，谢安随口答道："小儿辈已经破贼！"其实，他内心激动异常，还内室时，跨过门槛，把屐齿折断，竟不曾觉得。

苻洛叛乱，宗室喋血

秦军经过近一年的苦战，在中线和西线战场上拿下了襄阳及其以北以西地区，在东线占领了淮北。但是东晋的主力部队并没有受到太大的损失，尤其是在东线，东晋军队主动撤出淮北，以空间换时间，把秦军引入沟渠纵横的淮南地带，在白马塘、三阿、盱眙、淮阴、君川之战中五破秦军。渡过淮河的十余万秦军几乎全军覆没，攻取的淮南之地得而复失。战场上损兵折将，前秦国内也是祸不单行。

秦国发生了大范围的饥荒。第二年，秦国又发生了一场突如其来而又惊心动魄的内乱。

这场内乱源自苻坚的堂兄、苻重之弟苻洛。

苻洛之父的名字史书缺载。不过，苻坚的父亲苻雄是苻健的弟弟，史书特意称苻洛是“苻健兄子”，而没有说是苻雄兄子。从这一点上，似乎可以看出苻洛的父亲与苻健可能是更亲一点的同父同母兄弟。对于苻菁史书同样也称其为“健兄子”，让人怀疑苻菁、苻重和苻洛是亲生兄弟。

苻菁、苻重兄弟勇力过人，苻菁本人在前秦建立之时立下了大功，成为仅次于叔叔苻雄的前秦帝国第二位权臣，被封为卫大将军、平昌公、宿卫二宫。苻健病重弥留之际，苻菁却因为企图发动政变而被杀。苻菁发动政变，当然是苻氏家族内部权力争夺激烈的反映，究其原因还在于，苻健、苻雄去世之后，在苻菁平辈的堂兄弟中，只有苻菁功劳最大，年龄最长，并且属于家族中的长门，因此，也只有苻菁对苻健系皇位的威胁最大，其受到的猜忌自然也最深。结合苻健让自己的儿子苻生诛杀权臣的临终遗言，人们甚至有理由怀疑苻菁的未遂政变也许另有隐情。继位之后的苻生采取了高压恐怖政策，不仅没有消弭皇族内部的恩怨，相反给了苻坚以可乘之机，从而得以顺利弑君自立。

苻坚上台之后，采取了一系列安抚政策，但皇室内部的争斗却并没有停止。苻重对于皇位的觊觎，可以说是苻菁夺取皇位的延续。苻坚之所以没有严厉惩处苻重，其根本原因还是忌惮远在龙城的苻洛。苻洛此时的职务是征北将军、行唐公、幽州刺史。此人武艺高强，多力善射，坐着能够拉住狂奔的牛，射出的箭能够洞穿犁壁。苻洛十分勇猛，深为苻坚所忌惮，因此，苻坚常将其安置在边疆地带。

太元五年（380年）一月，苻坚的一道诏书突然发至苻洛手上，诏书上任命苻洛的哥哥苻重为镇北大将军，镇守蓟城，接替苻洛的职务。三月，苻坚又调任苻洛为使持节，都督益、宁、西南夷诸军事，征南大将军，益州牧。苻坚还特意命令苻洛不得进入长安，而是从洛阳以南的龙门，直接南下襄阳，再由襄阳乘船逆流而上，入汉中，下成都。

接到诏书的苻洛对下属说："孤是皇室至亲，却不能为将相，而经常被弃之于蛮荒之地。如今，又将孤扔到西南边陲，且不让我经过京师，其中必有奸计，莫非是想让荆州刺史梁成将孤投入汉水中淹死？诸位对此有什么看法？"

幽州治中平规（《晋书》记作“平颜”）说：“主上虽不昏庸残暴，但却穷兵黩武，十分之九的百姓都想着要休息。如果明公举起义旗，百姓们一定会纷纷响应。如今，您拥有燕国全境，东面一直到大海，北方统辖着鲜卑、乌桓，东面联络高句丽、百济。这样您所控制的军队将不下五十万之众，为何要束手被征召，去冒灾祸难测之险呢?”此平规与稍后慕容垂的宁朔将军平规当属两人。但是，从平规、兰殊二人的姓氏上看，此二人大约有鲜卑血统。因此，苻洛之变未必没有鲜卑贵族在其间运作的影响。

听了平规的分析，苻洛卷起袖子，大声叫道：“孤的决心已定，敢反对的斩!”苻洛遂自称大将军、大都督、秦王，任命平规为辅国将军、幽州刺史，玄菟太守吉贞为左长史，辽东太守赵赞为左司马，昌黎太守王蕴为右司马，辽西太守王琳、北平太守皇甫杰、牧官都尉魏敷为从事中郎。

苻洛分别向乌桓、鲜卑、高句丽、百济、新罗、休忍等部族或者王国，派遣使者，请求他们发兵，并派出三万军队南下蓟城，协助新到任的哥哥苻重驻守蓟城。不久，苻洛派出的使者纷纷回话。各国均表示：“我等为天子守卫边疆，不能追随行唐公犯上作乱。”听了使者的汇报，苻洛有些害怕，想终止叛乱行动。王蕴、王琳、皇甫杰、魏敷也开始动摇，准备向朝廷告发。苻洛将四人全部诛杀。

吉贞、赵赞给苻洛献策说：“如今各国均不听从，这完全出乎意料。明公假如担心益州之行，那么就向朝廷派出使者请求留在此地，估计主上不会不同意的。”

平规却说：“事到如今，怎能中止？应该对外宣称受到朝廷诏书，率领幽州所有的部队，南下常山（河北省正定县南）。阳平公苻融一定会出邺城迎接。我们趁机将其逮捕，再率领关东六州之兵，进攻西方，那么天下就指日可待了!”

苻洛听从了平规的意见，于太元五年（380年）四月，率领七万之众从和龙出发。

苻洛发兵南下的消息很快传入了长安。一时之间，关中地区骚动不安，盗贼四起。

秦王苻坚召集群臣商量对策。步兵校尉吕光说：“行唐公苻洛身为皇室至亲却发动叛乱，这是天下人人愤恨之事。请求给臣步骑五万，拿下他如同捡拾荒草一样容易。”

苻坚说：“苻重、苻洛兄弟二人，占据东北之地，军队粮食充足，不能轻敌。”

吕光说：“苻洛所率领的军队不过是迫于压力，临时组织起来而已。如果我大军出动，肯定能将其瓦解。陛下不用担忧。”

不过，苻坚还是先礼后兵。他向苻洛派出使者，命令其率军返回和龙，并将幽州作为苻洛兄弟世世代代的封地。与此同时，为了防止东晋可能的反扑，苻坚还将在去年战斗中俘获的东晋高密内史毛躁之等二百多人放归了江东。

接到诏书的苻洛让使者给苻坚传话，说：“你回去告诉东海王（苻坚即位前的封号），幽州偏远，不足以安置万乘之君。我必须在关中称王，继承高祖苻健的帝业才行。如果他能在潼关迎接圣驾，我将安排他做上公，保有他原来东海王的爵位。”

苻坚听了苻洛的回话，勃然大怒。他立即派遣左将军窦冲、步兵

校尉吕光率领四万步骑，从长安出发前往讨伐；并命令右将军都贵乘着快马驿车飞驰到冀州治所邺城，统率冀州三万军队为前锋；同时，任命阳平公苻融为征讨大都督。另外，苻坚还命令屯骑校尉石越率领一万军队，从东莱（山东省龙口）乘船四百多里渡过渤海，出石径，偷袭苻洛的根据地和龙。

此时，北海公苻重率领蓟城的三万军队也与苻洛会师，叛军总兵力达到了十万之众，驻扎在中山。五月，窦冲等人进抵中山，两军在中山展开大战。苻洛叛军士气全无，临阵大败。窦冲所部生擒苻洛及其部将兰殊，并将其送到长安。苻重败逃回蓟城，吕光率军猛追，将其诛杀。与此同时，石越也攻陷了和龙，斩杀了平规及其党羽一百多人。叛乱历经一个月，至此被彻底平定。

苻坚赦免了苻洛死罪，将其迁往凉州的西海郡（治所在居延，今内蒙古额济纳旗）；赦免兰殊，将其任命为将军。

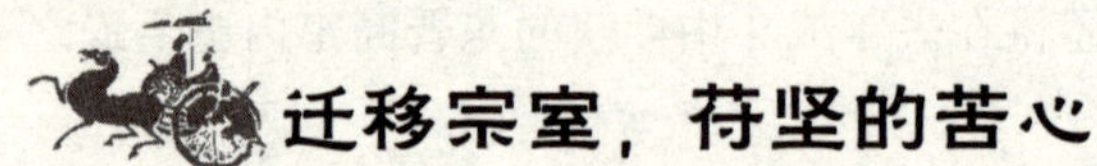

迁移宗室，苻坚的苦心

苻洛之变促使苻坚暂时将注意力放在了国内的稳定上。

回顾平规给苻洛的献言，让人不禁感到一丝困惑。当看到高句丽等国不参与叛乱之后，平规给苻洛献出的计策是，率领幽州军队，南下常山。关键是平规还说："阳平公苻融一定会出邺城迎接。"

此时的苻融为使持节、都督六州诸军事、镇东大将军、冀州牧，是苻洛的上司。苻洛大军南下冀州，平规有什么把握就能断定苻融会出邺城"郊迎"呢？是平规不知就里，还是苻融与苻洛之间另有隐情？史书缺载。叛乱爆发后，苻坚并没有依靠苻融，而是从中央空降了右将军都贵接管了冀州军队。这在整个平乱过程中，苻融虽被苻坚授予征讨大都督的职务，但苻融却没有任何表现。苻洛之乱平定一个月后，苻坚就免除了苻融都督关东六州的职务，将其征召为侍中、中书监、都督中外诸军事、车骑大将军、司隶校尉、太子太傅、领宗正、录尚书事，而将自己的庶长子苻丕任命为都督关东诸军事、征东大将军、冀州牧，接替了苻融的职务。

长期以来，苻融一直是苻坚的得力助手，然而如今，苻坚的儿子们已慢慢长大。关东六州占据天下一半，再让弟弟苻融统辖那么大一片土地，似乎让人不能安心。这也许是苻坚在苻洛之变被平定后，迅速将苻融调回中央的一个重要原因。

苻洛平定以后，苻坚鉴于关东地区地广人多，便想用什么办法使这一地区安静下来，他在召集群臣商议说："我们民族，支系较多，人口繁盛，现在，我打算从三原、九嵕、武都、雍等地，分出十五万户迁往各地要害地区，分出去的人口，不会忘记我朝的恩德，而成为巩固我们政权的基本力量，你们认为怎么样？"

群臣都说："周朝分封同姓，得以兴隆八百年，这个办法好，对国家是有利的。"于是，将四帅的子弟三千户，配备给苻丕镇守邺城，其中，如果是世袭诸侯的人家，可以成为迁居地的始袭人。苻坚在霸

上为爱子苻丕送行，流泪而别。诸将帅子弟将要离开父兄的，都悲伤痛哭，路上的行人也感到心酸。

当时有大臣反对，认为这是丧乱流离的征兆，氐族部众分散各地，居于京师要害的反倒是羌人和鲜卑，一旦发生动乱，将十分危险。

在此之前，高陆县人打井挖出一只乌龟，长三尺，背上有八卦纹。苻坚命令太卜将它放入皇家苑囿的池中喂养，给它吃小米。到分散氐族部众这一年，大龟死掉了，于是，将龟骨收藏在苻氏的祖庙里。当天夜里，太庙管理官员高虏梦见那个乌龟对他说："我本出来回归江南的，遇上这年头，不能回归，丧命于秦国。"又有人在梦中对高虏说："乌龟活了三千六百岁而死，它死后必定有妖怪兴起，这是亡国的征兆。"

决策伐晋，一意孤行

晋孝武帝太元七年（382 年）九月，秦王苻坚大会群臣于太极殿上，说："自我继承大业至今，已将近三十年，四方基本平定，只有东南一隅，还未曾受到王化。我每次吃饭的时候，想到天下没有统一，都是难以下咽。如今，我打算尽起天下之兵前往讨伐。粗略计算下来，精兵能达到九十七万之众。我将亲自率军，平定江南。

大家觉得怎么样？”

苻坚话音刚落，早已得到暗示的秘书监朱彤第一个发言表示支持，可是，尚书左仆射权翼却立即表示了不同意见。

权翼本是姚襄的下属，但自从投靠苻坚以后，他一直对苻坚忠心耿耿。他说：“臣以为不能伐晋。过去，商纣王残暴无道，天下离心离德，八百诸侯不期而至，但当时微子、箕子、比干还活着，周武王说：‘彼有人也。’因此而撤军。三位仁人被杀以后，武王才出兵牧野，灭了商朝。如今，晋朝虽然弱小，但君主并没有大的罪恶，相反，晋国君臣和睦、上下同心。谢安、桓冲，均是江南的伟人。如今可以说江南有人啊！臣听说军队取得胜利，关键在于国家和睦，现在的晋国就是这样，不可图谋灭掉它啊!”

权翼突然泼下一盆冷水。苻坚原以为的一片赞同的场面并没有出现，这让他十分不快，但一时之间又无法与其辩论。苻坚陷入了长久的沉默。过了很长时间，他才说：“诸位也都畅所欲言，谈谈各自的看法吧。”

太子左卫率石越说：“东晋有长江天险，国内又没有怀有二心之臣。臣以为应该修养道德，不宜兴师动众。孔子曰：‘远人不服，则修文德以来之。’臣请求保境安民，再慢慢等待可乘之机。”

苻坚反驳道：“虽有长江天险。能保全吗？以我大军，投鞭可以断流，天险何足依靠？”

石越又说：“臣听说商纣王无道，天下所有的人都受够了他；夫差也是荒淫暴虐；孙皓更是如此，众叛亲离，所以他们部遭到了失败。如今晋朝虽然没有德行，但并没有那样的罪过，因此，臣才请求陛下

训练军队。积攒粮草，耐心等待合适的时机。”

群臣议论纷纷，有表示赞同的，更有不少人表示反对，久久难以取得一致意见。

看到这一情况，苻坚决定不再征求大家的意见，说：“这就像在路边盖房，各种意见纷至沓来，房屋将永无建成之日。我将自己决断于心。”

群臣退朝以后，苻坚单独把弟弟苻融留了下来。他对苻融说：“自古以来，决定大事的，不过一两个臣子罢了。如今，大家七嘴八舌，议论纷纷，只会搞乱了人心，就咱俩把这事定下得了！”

苻融回答道：“如今兴兵讨伐晋国，有三个困难：一是岁星、镇星在斗牛，吴越之福，天道不顺；二是晋主清明，朝臣用命，没有可乘之机；三是我军连续作战，士兵疲惫将领倦怠，有畏敌情绪。不要兴兵是上策，请求陛下予以采纳。”

听了苻融的这番话，苻坚立刻沉下脸说：“连你也是如此，天下之事。我还能与谁讨论呢？如今，我们有百万之众，兵器粮草堆积如山，我虽然算不上英明，但也不是昏庸低能。凭借着屡战屡胜的余威，去打击一个将要灭亡的敌人，怎会不胜？我一定不会将敌人留给子孙，而使之成为将来宗庙社稷的隐忧啊！”

看到哥哥生气了，苻融急得哭了起来，说：“晋国不能讨伐，这里的道理十分清楚，白白兴师动众，肯定会无功而返。但臣下的忧虑还不在于此，陛下对鲜卑、羌族、羯族，都十分优厚，让他们处于京畿之地，而我们本族旧人却都被排斥到了远方。如今，动员全国所有的兵力南下，太子仅仅带领数万老弱之兵留守京师，一旦有个变故，社稷宗庙怎么办？鲜卑、羌族、羯族，臣担心不只是空走一趟而已，后方也不是万全的啊。臣的智慧见识愚蠢浅薄，确实不足以让陛下采信，但王猛乃一代英杰，陛下每每将他作诸葛亮，王猛临终之言，请陛下不要忘记了!”

苻坚仍然不听。太子苻宏、平日尊信的道安和尚、宠爱的张夫人都劝他，他一概不听。

这时候，有两个人出来为他捧场了，那就是慕容垂和姚苌。

慕容垂说：“现在我大秦雄兵百万，国强民富，正应该早日统一天下，为老百姓开辟永久的和平啊。难道还要把这麻烦留给后世子孙吗？至于群臣不同意，那是他们不如陛下您的英明。当初晋武帝灭掉东吴，也不过和两三个人商量罢了，您实在无须太犹豫。”

慕容垂这样挑唆秦晋之间大决战，实在是包赚不赔的：如果最终前秦胜利了，那么他就是促进统一的大功臣；如果前秦战败了，那么就可以趁机起兵，扩张自己的势力。

面对这心怀鬼胎的枭雄，苻坚没有丝毫怀疑他的用心，反而赞许说：“能和我谋定大事的，也只有你了。”

于是，中国历史上规模超凡的一场战役缓缓展开。多达百万的秦军，在数千里的战线上向南隆隆逼近。慕容垂率领三万精兵，也在其中。

桓冲主动出击

前秦计划大举入侵的消息，也传到了江南东晋车骑将军桓冲的耳中。四年前的襄阳之战，自己丢掉了襄阳以北的大片土地。而反观江淮战线，谢家子弟谢玄却五战五捷，声威大震，这一直让桓冲难以释怀，听说秦军将要大举入侵之后，桓冲决定主动北上出击，一方面打乱前秦的军事部署，另一方面也为荆州军队挽回颜面，太元八年（383年）五月，趁着前秦吕光率领十万大军西征西域，桓冲组织荆州部队向襄阳一线发起了进攻。

这次北伐，晋军虽没有收复襄阳失地，但有效地牵制了前秦的兵力，大大减轻了东线淝水战场的压力。即将到来的淝水之战中兵力投入到东线战场。国难当头，桓、谢两大门阀维系了宝贵的团结。

桓冲的北伐，让苻坚勃然大怒，他再也不想听朝廷内部的争论，正式下诏大举讨伐东晋。他下令全国的民众，每十个男丁征召一名参军；征用全国所有的战马；二十岁以下的清白人家子弟，武艺精通，骁勇果敢的，也包括富家子弟有才能的，全部拜为初级禁卫军官——羽林郎。自愿参军的“良家子”有三万从人。

苻坚连东晋君臣的后路都安排好了：任命司马曜为尚书左仆射，

谢安为吏部尚书，桓冲为侍中，并为这三人建了府邸。其骄傲之情可见一斑。

太元八年（383年）八月，苻坚命令征南大将军、阳平公苻融，都督骠骑将军张蚝，抚军将军苻方，卫军将军梁成，平南将军慕容玮，冠军将军慕容垂，先期率领步骑二十五万作为伐晋前锋南下。与此同时，为了加强巴蜀方向的防守，苻坚命令兖州刺史姚苌为龙骧将军，都督益州、梁州诸军事。苻坚对姚苌说："过去我就担任过龙骧将军，以此建立了大业，因此不曾将此职务轻易授予他人，卿要努力!"左将军窦冲说："王者无戏言，陛下此语系不祥之兆!"苻坚也觉失言，闷闷不语。

慕容恪的两个儿子慕容楷和慕容绍对叔叔慕容垂说："主上已经十分骄傲自大。叔父中兴大业，就在此行!"此时的慕容垂已经预料到前秦王国变乱在即。他说："是啊！但没有你们，我和谁去办成这件大事?"显然，鲜卑贵族们已经达成共识，蠢蠢欲动了。

在苻融等前锋部队出发八天之后，苻坚率领主力大军正式从长安出发；共计步兵六十余万，骑兵二十七万，旌旗、战鼓连绵上千里，东西齐头并进，运输船只上万艘，从黄河入石门（河南省荥阳市境内），再由石门进入汝河和颍水。

九月，苻坚抵达项城（今河南项城），而此时的凉州军队才刚刚到达咸阳，四川的军队也刚刚顺流而下。幽州和冀州的部队已推进到了彭城。秦军前锋统帅、阳平公苻融等人已率军先期抵达颍口，进入进攻寿县的位置。一场大战即将爆发!

从史料上看，苻融等人最先出发时的二十五万大军，并没有全部

用于东线战场。至少冠军将军慕容垂、平南将军慕容畔的鲜卑军队，后来是用在了襄阳方向，羌族的姚苌部队则用到了巴蜀之地。

苻坚计划从巴蜀、荆州、淮南三路南下，而让羌族和鲜卑部队独当一面，各自为战，以防横生枝节，搅乱主力战场上的战局，似乎也是苻坚有意的安排。

由于苻坚所带的军队太多了，他的中军抵达项城（今河南省项城市）时，凉州的部队才来到咸阳，而蜀汉的水军正在长江顺流而下，幽冀的士兵正在彭城（今徐州）地界行军。军队走在路上，前后绵延近千里地。

慕容垂带着自己的两个侄子慕容楷、慕容绍，还有儿子慕容宝等人也随军出征。慕容垂悄悄告诉他的子侄，此去秦国必败。慕容垂说了三个必败原因：第一个是他夜观天象，第二个是江淮之险，第三个是军心不稳，人心不齐，将士无心。前两个理由一个是迷信，一个不是必然原因。而第三个理由则非常重要。慕容垂说秦军中大部分人是汉人，一个异族驱使汉人去打他们本民族的人，必无战心；而其他的士兵则为鲜卑、西羌、匈羯等，这些人更是希望秦军打败仗，恢复本族领地，用这些人打仗，岂有不败之理?

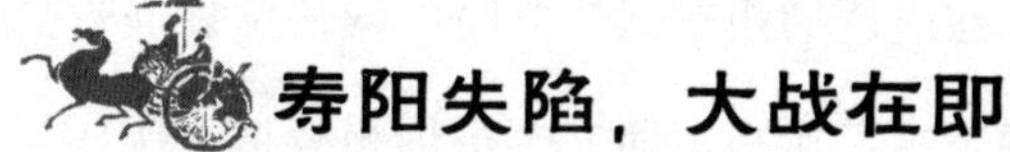

寿阳失陷，大战在即

苻融的大军进抵寿阳西北的颍口之后，东晋朝廷下诏任命谢安弟弟、尚书仆射谢石为征虏将军、征讨大都督；任命谢安的侄儿、徐兖二州刺史谢玄为前锋都督，与谢安之子辅国将军谢琰、西中郎将桓伊、龙骧将军檀玄、建威将军戴熙、扬武将军陶隐等率军八万前去迎敌，并先期派遣龙骧将军胡彬率领五千水军从水路增援寿阳。

胡彬出发之后，谢玄前去面见谢安，请求谢安对未来的战事做出具体的指示。谢安显得十分平静，只是说了一句："已经另有安排。"再无言语。谢玄不敢再问，出门之后，他又请张玄前去询问。

张玄进入之后，谢安依然没有明确回答，而是带上亲朋好友前去山间别墅游玩，还要与谢玄以别墅为赌注，下围棋定胜负。谢安平时棋艺不及谢玄，可是这一天，由于谢玄心中疑虑重重，双方的棋就下成了平手，下到最后，谢玄竟然输了。赢棋之后的谢安回头对外甥羊昙说："这别墅就送给你啦!"说完，从容带着亲友登山游玩，一直到夜晚才尽兴而返。回去之后，"指授将帅，各当其任"，谢安仅仅做了任用将帅的事情。至于临战方略，在他看来，则需要将帅因地制宜，见机行事，那是将帅们的事情。

不仅谢玄心中无底，桓冲也深为担忧。他派出三千精锐部队东下，入卫京师。谢安认为三千人对这样一场大战的胜负实在是起不到什么作用，更重要的是他想显示自己的从容淡定，以安定军心民心，因此，他坚决拒绝荆州军队入城。在遣返荆州军队的同时，他还给桓冲带去书信，说："朝廷早已安排停当，兵马不缺，倒是荆州要多加戒备。"当时，在淮河方向，谢安已经派出了以谢玄的北府兵为主力的部队，前去迎敌。桓冲以为谢玄手中的那点军队根本不能扭转大局，将下属们召集到一起，叹息说："谢安有高居庙堂之上的胸怀，但真的不懂军事。今天大敌将至，他却仍然游玩清谈。虽然派遣了几个未经世事的毛头小伙子，可是部队人数极少，天下之事可想而知。我桓冲也将穿上少数民族的服装了!"

十月，进入攻击位置的苻融军队发起了对寿阳城的进攻。前秦军队的人海战术发挥了作用。当月十八日，秦军攻陷了寿阳城，抓获了东晋平虏将军徐元喜、安丰太守王先。与此同时，慕容垂率领的三万鲜卑军队也攻陷了荆州地区的郧城，斩杀了晋军将领王太丘。

寿阳，即今天的安徽省寿县。淮河的主要支流颍水在寿阳西北注入淮河，是中原与江淮之间的一条重要水上通道。颍水与淮河的交汇处就是颍口，寿阳与颍口隔河相对。淮河南北两岸散布着大大小小重要的军镇和地理坐标。

淝水，流经寿阳城东和八公山西侧，在寿阳城东北注入淮河。淮河从上游流来，从颍口经寿阳城北，急拐西北形成一个"几"字形，折向东南，然后折东北迤逦而去。这个"几"字的顶端就是下蔡（今安徽省凤台县）。寿阳和下蔡之间有硖石山，又称为硖石口、硖山口。

东西硖石高有十余丈，夹淮相峙，被称为淮河第一峡。淮河“几”字形的东侧南岸，就是淮南。过淮南后，南岸有洛涧自南向北注入淮河，此处被称为洛口。然后，淮河又折向东北，北岸有涡水汇入淮河，此处被称为涡口。涡口北岸有怀远重镇；南岸有马头城、凤阳等挡涡水要冲。秦晋两国即将在这里展开一场生死决战。

先期出发救援寿阳的是东晋龙骧将军胡彬率领的五千水军。他们沿着淮河逆流而上，还没有抵达寿阳城，就听说了寿阳被秦军攻陷的消息。但是，这支军队并没有退却，而是退到硖石山上固守。占领了寿阳的苻融立即命令军队北上包围硖石山，企图一举消灭胡彬这支五千人的晋军。

与此同时，为了配合苻融的寿阳之战，前秦卫军将军梁成、扬州刺史王显、弋阳太守王咏等人率领五万军队，在洛口附近渡过淮河，驻扎在洛涧西岸，并在淮河之上构筑阻遏工事，阻挡晋军水师西上，同时也切断了胡彬所部东逃的水路。

而此时东晋都督谢石、徐州刺史谢玄、豫州刺史桓伊、辅国将军谢琰等人率领的八万主力部队，也从广陵方向抵达了洛涧东面地区，并在洛涧以东二十五里处安下大营。前秦梁成在前哨战中多次击败晋军，谢石畏惧梁成的军势，不敢强行突进。一切看起来，晋军都毫无获胜的希望……

决战淝水

就在谢石迟迟不进之时，硖石山上的胡彬所部在困守数天之后军粮已经告罄。

危急关头，胡彬一边命人扬起沙土，向秦军表明自己的军粮还非常充足，一边秘密派出军士下山向谢石送信求救。而信使在下山的途中就被苻融的士兵抓获并没有见到谢石等人。

得知胡彬所部已经断粮，苻融不禁大喜，立即命人飞马前往项城，向苻坚报告这一好消息，并说：“贼少好捉，只怕被他们溜掉，应该赶紧进攻。”

苻坚也更轻敌，竟把已经到达项城的大批部队留在项城，只带八千轻骑赶到寿阳苻融营里。他以为晋军已经吓得胆破，可以不战而下，派朱序到晋营劝谢石等投降。

苻坚的骄傲轻敌到了难以想象的地步。他派作使者的朱序，曾是战败被俘的晋将，虽则后来受了秦的官职，但一直是身在曹营心在汉。这下，他得了这个差使，当然喜出望外，到了晋营，便把秦军的全部情况都告诉了谢石、谢玄等，并出主意说：“如果秦军百万之众全数到达，确实难以抵抗，应该乘他兵力还没有全部集中的时候，从速进攻。只要打败了他们的前锋，挫其锐气，就不难连战连胜了。”

史书没有记载谢石等人与朱序商谈的细节，但双方都是久经战阵，必定心照不宣。

朱序走后，谢石依然有些恐惧，他打算坚守淝水东岸不战，以拖死秦军。这时，谢琰劝说叔叔谢石接受朱序的建议。谢琰虽然仅仅是一个辅国将军，但其身为宰相之子，其实是负有监军之责的。在谢琰的提议下，谢石终于决定与秦军决一死战。于是，晋军向苻坚派出了约期请战的使者。

太元八年（383 年）十一月的一天，一场决定以后二百零六年南北对峙局面的大战，终于拉开了大幕。

双方约定的日子到了。秦军毫不示弱，苻坚命令猛将张蚝率领精锐部队率先发起对晋军的进攻，在肥南击败了晋军主帅谢石的军队。谢玄、谢琰集合数万军队，严阵以待。张蚝未敢继续扩大战果，而是率军退回了淝水西岸。双方在淝水两岸列阵相持。

黑压压的秦军就在淝水岸边，晋军如果渡河，就得在水里与敌厮杀。谢玄向对岸派出了使者。使者见到秦军主帅苻融，传达谢玄的口信说：“大人您提兵深入我国国境，却紧紧逼着河水列阵，这是要长久相持，怎是想要和我等决斗？如果贵军稍稍向后退却，给将士们腾出厮杀的空间，在下将与大人松下马缰一起从容观看。这难道不是一件美事吗？”

苻融立即将谢玄的请求上报给了苻坚。秦军诸将均说：“应该以淝水为依托，阻止晋军上岸，我众敌寡，这是万全之策。”但是，苻坚却说：“只管退军无妨。就让他们渡河，待其渡过一半之时，我们再

以数十万铁骑冲向河边，将其逼下河去斩杀，没有不胜的!”

这一决定是苻坚所犯的第三个错误，而且是最致命的错误。从理论上说，半渡而击，符合兵法。而此时为形成半渡而击的局面，秦军必须临阵退却，这又是兵家大忌。秦军为步骑混合军团，队伍庞大，尤其是骑兵一旦往后移动，再排好阵势是十分困难的。

但是，苻融也同意了这一致命的决定。他传令已经摆好阵势的军队，往后移动。

黑压压的秦军开始后退，原先整齐的阵形立即混乱起来。见此情形，谢玄、谢奕、桓伊等率领早已挑选好的八千猛士，狂呼着飞马渡河杀来。晋军老谋深算，即使在这种情况下依然没有投入全部军队，而是留足了预备队，一旦出现意外，不至于一败涂地。

眨眼间，晋军已经登上了淝水西岸，向退却中的秦军发起了猛烈的进攻。秦军前军一边往后撤，一边与晋军厮杀，局面越来越混乱。

就在此时，站在秦军阵后的朱序向后撤中的秦军大声喊道：“秦军败了！秦军败了!”

秦军后军看不到前军，不知道前面的情况，一时间，退却引发了更大的混乱，混乱则变成了难以遏制的溃败，惊恐像瘟疫一样迅速传播。士兵们纷纷惊慌失措地向后逃命，乱哄哄的人流无人能够阻止。

主帅苻融在预定阵地前飞马驰骋，发号施令，试图控制混乱的局势。可是，他胯下的战马突然倒在了地上，将其摔下马来。旋风般冲杀而来的晋军立刻赶来，将其斩杀。

秦军主帅被杀，整个军队立即失去了控制。秦军也从溃散变成了大溃败。晋军全军乘胜追击，一直狂追猛杀到寿阳西北的青冈。秦军死者不可胜数。从寿阳以东的淝水西岸一直到青冈以北的淮河岸边，满山遍野都是秦军的尸体，“淝水为之不流”。

侥幸渡过淮河的秦军，早已被刚刚经历的那场血腥屠杀吓呆。他们丢盔卸甲，昼夜兼程逃跑，有一丝风吹草动，都以为是追击的晋军，饥饿、严寒、劳累而死的，十之七八。晋军缴获了苻坚乘坐的云母车，缴获的仪服、器械、军资、珍宝堆积如山，牛马驴骡骆驼十余万之多。晋军同时又夺回了寿阳，抓获了秦淮南太守郭褒。秦尚书仆射张天锡、尚书朱序及被俘的晋将徐元喜等人都趁机归顺了东晋。

苻坚本人也为流箭射中，单骑狼狈逃至淮河北岸，身边只有千余骑兵。当时慕容垂的三万精锐没有溃散，正在许昌，苻坚投到他的营里。

这就是闻名中外的淝水之战。

晋军捷报传到建康时，谢安正在与宾客下棋。他把捷报看过，随手就放在旁边，依旧下棋。客人却耐不住，问是什么消息，谢安随口答道：“小儿辈已经破贼！”其实，他内心激动异常，还内室时，跨过门槛，把屐齿折断，竟不曾觉得。

东晋成功地阻止了一场大灾难。北方却陷入了大动乱。

北方重新分裂

姚苌见得不到玉玺，又派尹纬劝说苻坚配合自己举行个禅让仪式，名正言顺地把王位让给自己。苻坚骂道：“禅代是圣贤之间的事。姚苌是叛贼，没资格！”骂完后又后悔地说道：“我很后悔当年没有杀掉慕容垂和姚苌二贼，所以才有今天啊！”

慕容垂复国

苻坚一直逃到淮北才敢停下。很快各处传来消息，百万秦军只剩下三十多万，其余除少量战死被俘外，大多溃散逃亡。龙骧将军姚苌的十万水军在巴东遇到晋将桓石虔的阻击，多日不能前进，得知秦军主力大败后，又退回成都。冠军将军慕容垂所率三万鲜卑兵全师而退，正驻守在许昌。苻坚遂带领自己的千余亲军去投奔慕容垂。

慕容垂本来带兵在郧城与桓冲十万大军对峙。苻坚在淝水溃败后，他便打算北撤，但又担心桓冲追击，于是派士兵晚上把尽可能多的火炬点燃，系在树梢之上，光照数十里。桓冲看到晚上的火把，估摸对方至少有二十几万人，以为慕容垂的援军到了，所以不敢追击。慕容垂这才从容北退。

听说苻坚来投，慕容宝建议趁此机会杀死苻坚后起义。慕容垂不同意，他说自己这样做就是恩将仇报。他要在不违背良心的原则下得到天下，不会做这样的事情。

慕容德劝说他道："我们是为国家报仇雪耻，并不是违背良心！"

参军赵秋说："如果你想复兴燕国，现在就是机会。杀死苻坚后，占据邺都，然后带兵西进，天下必是你的！"

慕容垂仍是不为所动，不但把苻坚接到营中好好招待，甚至把兵权交给苻坚。苻坚对慕容垂既感激又信任，于是领着这支兵马从许昌出发向西，一路收容被打散的小股部队，等到了洛阳的时候，部队已经有十五万之众，后勤储备也比较充实。苻坚在洛阳待了半个月后，开始向长安进发。

慕容垂的三子慕容农这一次向父亲请求带兵离开苻坚，到河北谋求发展，慕容垂再一次拒绝。

苻坚的军队来到渑池时，陇西鲜卑酋乞伏步颓造反了。正巧秦军的前锋将军乞伏国仁是乞伏步颓的侄儿，乞伏国仁忙向苻坚表示忠心，并请命去征讨乞伏步颓。乞伏鲜卑部落是从乞伏山（今贺兰山东北抵黄河的银川一带）迁徙到苑川（今甘肃省兰州市东）的一支少数民族部落，开始只是松散的游牧部落，只有简单的官制，没有固定的国界，只是为了生存而战争。东晋咸和（326—334 年）年间，石勒的后赵势力渐渐伸入秦陇，乞伏部的首领乞伏傉大寒只得北迁到麦田无孤山（今甘肃省靖远县北）游牧。前秦苻健在位的时候，傉大寒的儿子司繁又东迁到度坚山（今甘肃省靖远县西）。公元 371 年，前秦苻坚派将军王统率兵讨伐。司繁统领三万骑兵在苑川抗击，被王统打败。乞伏司繁投降苻坚。后因乞伏司繁帮助前秦屡建战功，授使持节、都督讨西胡诸军事、镇西将军。乞伏司繁死后，由其子乞伏国仁代行其职。也就是说，乞伏国仁是乞伏部落中传统意义上的最高首领。

也正因为如此，乞伏国仁带兵去讨伐乞伏步颓，乞伏步颓反而出来迎接，并劝说乞伏国仁自立。乞伏国仁没有敢公开反叛宣布独立，但是他率军队割据陇西，并召集鲜卑各部，聚集了十余万军队，并胁

迫周围诸郡背叛前秦，拥立自己，等待机会叛秦。

苻坚把乞伏国仁派走后，慕容垂也向苻坚辞行，称河北也有叛乱，自己愿意去河北替秦国镇压。因为许昌让兵权的事，苻坚很信任慕容垂，遂说："你去吧，有你在，河北我可以无忧了。"

慕容垂北去后，权翼刚刚带一支军队赶来，听说苻坚让慕容垂带兵去了河北，着急道："完了，完了！慕容垂绝非久居人下之将，此去河北必然自立！"他请求苻坚立即派人把慕容垂抓回来。

苻坚不好意思派兵把慕容垂抓回来，便想了一个补救办法，派骁骑将军石越率精兵五千去戍邺城，骠骑将军张蚝率五千羽林军去镇守并州，镇军将军毛当率七千兵去守洛阳，借以牵制慕容垂。权翼再劝苻坚，苻坚仍然坚持自己的做法。权翼走出大帐叹气道："关东就要大乱啦！"

权翼心有不甘，自带一支人马去追，慕容垂早就快马加鞭，抄近路日夜兼程，跑得远远的了。权翼没能追上慕容垂，只得回兵随苻坚入关。

到了长安城下，苻坚忽然放声大哭不肯入城。群臣问苻坚为何，苻坚道："朕是哭我的弟弟苻融啊！如果当年听了他的话，何至于有今日之辱?"遂令在城外驻扎，全军换上白衣孝服，先祭奠了苻融及阵亡将士，又去王猛墓前祭拜，这才入长安城。

不久，洛阳传来急报，说："丁零、翟斌在新安聚众七千造反，原燕国宜都王慕容桓之子慕容凤也率三千鲜卑士兵造反。平原公苻晖派毛当镇压慕容凤，被慕容凤击败杀死。现在翟斌和慕容凤正联兵进攻洛阳。"苻坚急忙命令长乐公苻丕调冀州兵南下平叛。

这时，在邺城驻军的苻丕刚刚迎接到慕容垂的军队，他本来想把慕容垂杀死，但侍郎姜让认为慕容垂是来帮他平叛的，虽然此人很可疑，但没有杀他的理由，最好暂时先不要动他，不然会引起非议。苻丕于是亲自把慕容垂迎入邺城，殷勤招待，但对慕容垂还是很忌惮。正好苻坚援助洛阳的命令下来，苻丕赶紧打发慕容垂率三千鲜卑兵去洛阳，并派广武将军苻飞龙率一千名氐族骑兵随军监视。

慕容垂领兵南行到安阳汤池便不走了，停下来招兵买马，很快聚齐八千士兵。苻飞龙催促慕容垂进兵。慕容垂继续行军，在行军途中派慕容麟、慕容隆突袭苻飞龙，将苻飞龙和他的一千氐族骑兵全部杀死，又派参军田山潜回邺城通知慕容农等三人，让他们赶紧逃出邺城。慕容农与慕容楷、慕容绍等人带了亲信数十人骑快马连夜出城。这时正是大年初一，苻丕大会宾客，派人去请慕容农赴宴，去的人却见慕容家中空无一人，苻丕赶紧派人四处搜捕。数日后传来消息，慕容农等已在列人县（今河北肥乡县东北）起兵反叛，招募军队三万人。

与此同时，慕容垂已经到了洛阳城下，正在围攻洛阳城的翟斌、慕容凤全部归附慕容垂。慕容垂分析形势说："洛阳四面受敌，不利于作为根据地长期占据，如果北取邺城，则可以先得河北之地，然后以其为根本而得天下。"

慕容垂的意见得到大家的响应，于是慕容垂率军撤洛阳围杀向邺城。路过荥阳的时候，荥阳太守余蔚、昌黎鲜卑卫驹等率军队来投奔，并请慕容垂立国，上尊号。慕容垂遂自称大将军、大都督、燕王，承制行事，建元为燕元，称为统府，史称后燕。

到这个时候，慕容垂手下军队已经多达二十万，遂由石门渡河，

向邺城进军。

苻丕手下的部将石越带两万军队正和慕容农在列城大战。慕容农夜袭秦营，石越大败后自杀。慕容农得胜后也带兵攻向邺城。

苻丕见慕容垂带大兵压境，不敢出战，死守城池。慕容垂久攻不下，只好一边把邺城围住，一边派人到肥乡（今河北肥乡县）筑造新城，以做根据地。

苻坚见慕容垂果然造了反，正打算调兵遣将去镇压。慕容的弟弟，北地长史慕容泓也在华阴（关中平原东部，陕西省华阴市）起兵造反了，自称都督陕西诸军事、大将军、雍州牧、济北王。苻坚十分郁闷，对权翼说："当时不听你的话，结果造成了这个局面。关东的地方就不说了，关中的慕容泓不可不除！"急调雍州牧、巨鹿公苻睿回长安，以左将军窦冲为长史，龙骧将军姚苌为司马，出兵五万，出讨慕容泓。

造反之势如星火燎原。苻坚这边才刚起兵，山西平阳太守慕容泓的弟弟慕容冲也反了，并率兵马两万进攻蒲阪。苻坚只得把五万部队分成两路，一路由窦冲领兵去征讨慕容冲，另一路由苻睿、姚苌带领去征讨慕容泓。

在华阴，慕容泓被秦军打败，带兵向东逃窜，苻睿亲自带三千骑兵星夜追赶，欲全歼慕容泓。不幸的是苻睿带兵追到华泽（今山西永济南），路过一片沼泽，一下子全陷进去了。这真是人倒霉了喝凉水都塞牙。慕容泓熟悉地形，早绕过了这片沼泽向西逃，突然听说苻睿的骑兵全陷入沼泽中了。慕容泓急忙带一千弓箭手骑快马奔回，对着苻睿的军队一阵狂射。可怜苻睿及其三千骑兵，全被射死。慕容泓这才从容退去。

等姚苌带着后军到了，只看到沼泽中一片凄惨的景象。姚苌只好派长史赵都、参军姜协去向苻坚谢罪，自己继续追击慕容泓。苻坚一听自己最小的儿子被慕容泓乱箭射死在沼泽当中，心痛万分。这事本来和赵都、姜协无关，他们只是来报信的，却被苻坚迁怒，当即被拖出去斩首。姚苌听赵都和姜协被杀了，估摸着自己更不可免，于是把军队解散，带着十几名亲信跑到渭北去了。

慕容泓见没了追兵，便留在晋南招募鲜卑士兵，很快聚集五万士兵。这时慕容冲刚被窦冲打败，于是也率败军一万赶来投奔。慕容泓派使臣给苻坚说："秦国当年灭了燕国，而现在燕国的吴王慕容垂已平定关东。请您把我们燕国的皇帝和皇室宗室功臣全家都送回到邺都，以后秦燕两国以虎牢关为界，可以永远做好邻居。"

苻坚见了这封信，怒不可遏，当即让人把慕容暐带上殿来，把这封信扔在他面前大骂不止。慕容暐害怕狂怒的苻坚把他全家杀了，叩头一直到额头流血，一再谢罪。最后苻坚还是心软了，并没有惩罚慕容，只是让慕容写信招抚慕容垂、慕容泓等人。慕容暐回家后，密派亲信给慕容泓带去一封信。信中说："我肯定不能生还，而且我也是燕室的罪人。所以你们不要顾念我，你可以代行皇帝事，以慕容垂为相国，慕容冲为太宰、领大司马，你为大将军、领司徒，承制封拜。如果我死了，你马上继位。"

慕容泓接到信后，便称制改元，史称西燕。

姚苌叛秦

姚苌是羌族首领姚弋仲的儿子，陕北本是姚弋仲部族发迹的地方。所以姚苌逃到渭北马牧，便有天水羌人尹纬、尹详，南安羌人庞演等羌族豪强带着手下的百姓来投，并拥姚苌为王。于是姚苌自称大将军、大单于、万年秦王。史称后秦。占有华阴、北地、新平、安定等地。

苻坚亲自率领三万人征讨姚苌，在赵氏坞与姚苌决战。姚苌大败，退入安公谷据守。苻坚一时不能攻入，即命将安公谷包围，并断绝水源。这时候正是盛夏，安公谷挖井又挖不出水来，一直挖了几十米深，才挖到一点点细流，根本无法解决四五万人马的喝水问题。被包围数天之后，便开始有人马渴死。后秦频阳的守将游钦，率三千人马来救姚苌，被苻坚手下大将杨璧打败并生擒。姚苌又派弟弟姚尹买，挑出两万精兵去抢攻官水堰，决堤取水，又被窦冲伏兵打败，姚尹买及羌兵全部战死。

接下来一连几天，姚苌的军队渴死者上万。姚苌已经绝望了，把剑磨了磨，准备自杀。这时突然天降暴雨，后秦军队驻地因为地势低，很快积水三尺，将士们在雨中齐声欢呼，正所谓痛快淋漓。秦军那边，下雨之前苻坚当时正要吃饭，见天降大雨，把筷子一扔走到外边指着天大声怒喊道："上天啊，你难道不辨正邪吗?"便要亲自率军冒雨杀入谷中，这时得来情报，慕容冲十多万鲜卑士兵西攻长安。慕容冲的军队是姚苌派手下谋士尹纬去请来的。尹纬去请兵的时候，慕容泓一开始不答应，他说他只打算收复关东，恢复燕国旧地，不打算谋取关中，所以也不会管关中的事。

慕容冲等人则请求西去，说可以攻取长安，把皇帝慕容暐和燕国旧臣抢回来再东归。

慕容泓坚决不同意。慕容冲气愤地当着众人说道："你不进兵长安，是有私心!"意思是慕容泓怕救回慕容暐，丢了权力，当不成皇帝。慕容泓被戳到痛处，拿着剑过来要杀慕容冲。这时，高盖冲过来一刀把慕容泓给砍死了。这些燕国旧人本来就拥护正统皇帝慕容暐，所以默认了高盖的行为，然后拥立慕容冲为帝。众将在慕容冲的带领下杀向长安。

苻坚知道长安空虚，只得迅速撤兵。姚苌总算得了一条生路。这时手下人建议和燕兵联合攻取长安。姚苌道："燕人思归，即使他们能攻下长安，也必会移师东去。我则可以坐收渔利，何必现在去和他们争呢?"

姚苌留长子姚兴守城，自率大军去攻新平（今陕西省彬县、长武一带），以发展自己的根据地。新平太守苟辅向姚苌诈降，等姚苌进入瓮城后，苟辅的伏兵立刻万箭齐发，姚苌急忙率兵撤退。苟辅趁势掩杀，大败姚苌。这时尹纬、姚晃、狄伯支也各自带着队伍来到新平。苟辅立刻退回城中固守。

苟辅凭城固守，姚苌连攻两个月不能破城。于是姚苌也要了一个

花招，派人对荀辅说："我要的只是你的城，并不想要你和城中老百姓的命。我知道你也快扛不住了，我也不想让我的将士死得更多。咱们讲个条件吧，你把城让出来，你带着你的士兵和百姓走。"

两个人说好后，姚苌在南面让开一条路，荀辅带着城中几千口老百姓出了城，走了没多远，姚苌带兵赶上，全部抓起。荀辅大骂姚苌不讲信誉。姚苌笑道："你既然能骗我入城，我为什么不可以骗你出城呢?"因为深恨荀辅，姚苌命令把荀辅带的所有人，包括老百姓，无论男女老少，全部活埋。

这时苻坚已经回到长安，同时急令镇守洛阳的苻晖倾所有兵力赶紧回守长安。苻晖带七万大军与慕容冲的部队相遇，被慕容冲打败，逃回长安。苻坚痛骂苻晖，说他被称作能将，竟然连一个小孩儿也打不过，枉活人世。苻晖羞愤自杀。

苻坚骂死了自己的良将，当然也是他的儿子，只得又派儿子苻琳与前将军姜宇带兵去攻慕容冲，秦军再败，苻琳战死。慕容冲遂占领阿房城，攻到长安城下。

苻坚凭城观看，心里慨叹鲜卑军容之盛，派人送一锦袍于慕容冲，想打动对方念忆从前床第之情。但殊不知，这段记忆带给慕容冲的只有仇恨。慕容冲答道："孤家现在以天下为任，怎能看这一袍小惠?!如果你束手来降，我们慕容家对待你也不会比你从前待我们家差。"苻坚气得几乎吐血，大叫："后悔不用王景略（王猛）和阳平公（苻融）之言，使白虏敢猖狂如此!"鲜卑族人皮肤白皙，故苻坚呼之为白虏。

苻坚知道大战是不可避免的了，于是把目前的形势向将士们讲清，说明这是生死之战，遂亲自率领将士出城，身先士卒向慕容冲的军队杀去。这一仗慕容冲大败，先败退到仇班渠，又败退到雀桑，再败退到白渠。在白渠的时候慕容冲小胜一仗，但随即又大败，败回阿房城。

困居长安的慕容暐，有宗室一千多人，他一心想带着他们逃奔关东，苦于没有机会。他曾想借二儿子结婚为由，请苻坚参加婚礼，到时候刺杀他，然后与围攻邺城的慕容垂里应外合，灭掉前秦。苻坚也没有发觉，一口答应参加婚礼。不料，举行婚礼那天，正遇上倾盆大雨，苻坚没有赴约，计划落空了。

慕容暐得知慕容冲已打到城下，便派人联络城中所有的鲜卑人，准备里应外合。结果左将军窦冲有个小妾是鲜卑人，她知道哥哥要随慕容冲发动兵变，便事先向窦冲告密，并请求饶恕她的哥哥。窦冲急忙报告苻坚。苻坚于是派人叫慕容暐入宫。慕容暐料到事情败露，遂率众杀掉苻坚派来的使者，准备夺城门冲出长安。当然苻坚早有防范，慕容暐被窦冲所擒。苻坚遂命将长安城中所有鲜卑，无论男女，全部杀死。

自此之后，灭人国者如果不忍心对亡国家族下绝杀令，劝谏者往往以苻坚为“柔仁邀名”的首例，致使后代亡国之皇族罕有保全者。

慕容冲听说哥哥慕容暐被杀，痛哭失声。不过，他很快就宣布继燕国皇帝位，并率全国所有的兵力二十余万，再次进攻长安。

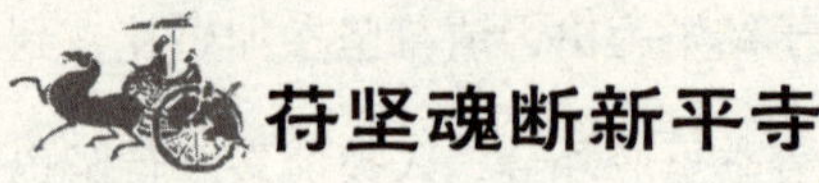

苻坚魂断新平寺

慕容冲在长安城外围成日久，城中乏粮，以至于出现人吃人的惨剧。苻坚倾最后家底设宴款待群臣，打仗的将军也分不到几片肉吃，塞进嘴里不敢咽下，回到家“吐肉以饴妻子”。数月之间，烟尘四起，百姓死亡无数。慕容冲率众登长安城，苻坚全身甲胄，亲自督战，飞矢满身，血流遍体。最后，苻坚听信谶言“帝出五将久长得”的鬼话，从长安出奔，向五将山（今陕西岐山县东北）而去，只留太子苻宏守城。

慕容冲只一心要攻下长安，而对杀苻坚不感兴趣，并不派兵去追，而是加紧进攻长安。十日之后，长安城破，慕容冲带燕兵入城后到处抢掠。苻宏带着母亲妻儿宗室男女，由八千士兵护着从南城突围投奔东晋。

姚苌听说长安城破，苻坚逃往五将山，不由大喜道：“这是天灭苻氏啊！”立刻派骁骑将军吴忠即率五千骑兵飞速赶往五将山去擒苻坚。

苻坚知道吴忠来到五将山后，把自己的士兵遣散，只有十多名侍卫坚持不走，劝苻坚突围。苻坚道：“天命如此，走也无益。”最后被吴忠所擒。

因为苻坚当年擒获姚苌后不但没有杀他，而且还重用姚苌，一直对姚苌很不错。姚苌不好意思与苻坚相见，让吴忠把苻坚关在新平佛寺，又派人去向苻坚要传国玉玺。苻坚瞪着眼睛骂使者：“小小羌奴也敢称天子？玉玺已经在晋朝了！”

姚苌见得不到玉玺，又派尹纬劝说苻坚配合自己举行个禅让仪式，名正言顺地把王位让给自己。苻坚骂道：“禅代是圣贤之间的事。姚苌是叛贼，没资格！”骂完后又后悔地说道：“我很后悔当年没有杀掉慕容垂和姚苌二贼，所以才有今天啊！”

尹纬的父亲尹赤曾经是前秦的并州刺史。前文说过，尹赤把大片土地和大队军马交给败逃到山西的姚襄，苻坚后来便不用尹赤的后人。尹纬到了四十岁的时候，才得以做了一名尚书令史，一直郁郁不得志，后来投到姚苌才得以重用。他听到苻坚感叹，不由想显露一下自己的本事，于是道：“你认为你混到今日这个地步，是由于不杀二人之故么？那你错了。魏武帝在治世为能臣，在乱世为奸雄。假使你能够把国家治理好，那此二人肯定是你的能臣。你想想你在王猛死后都做了些什么？贪图奢靡你承认不承认？假仁假义，有罪不罚；刚愎自用，好强争胜，你有没有？魏文侯曾经问李克：‘为什么吴国会亡？’李克回答说：‘百战百胜。’魏文侯奇怪道：‘百战百胜是好事啊，怎么会亡国呢？’李克回答说：‘仗打得多了则人民厌战，胜仗打多了则国主骄盛，骄盛的国主带着厌战的百姓继续发动战争，岂不是自取灭亡？’”

苻坚听完之后，大有所悟，遂问尹纬道：“你在我朝的时候，最高做到什么官职？”尹纬回答道：“尚书令史。”这个官职相当于现在

国务院里的小办事员，官比芝麻还小。

苻坚不由得叹道："你的才学不亚于王猛。我竟然不知道朝中还有你这样的人，秦国败亡不奇怪！你去告诉姚苌，我只求速死。"

姚苌听说苻坚不肯禅让，便派人用白绢将苻坚缢死在新平佛寺中。时为前秦建元二十一年（385 年）八月辛丑日，苻坚死年四十八岁。苻坚死后，王后张夫人、儿子苻诜、两个女儿苻锦和苻宝都自杀身亡。姚苌隐去苻坚的名字，以王礼安葬，谥为壮烈天王。

苻坚颇有帝王之资，文学优良，内政修明，大度容人，武功赫赫。遍观中国古代君王，真正能做到这四点的寥寥无几。可为什么苻坚会迅速败亡呢？

宋代王安石评价说："苻坚好功而不能忍；智大而不见机。（王）猛知其不能除（慕容）垂，故劝以勿伐晋耳。不然，以（苻）坚之强，而欲取晋，夫又何难之有！"王安石意思是：苻坚好大喜功，不能隐忍以等待机会；聪明多智，不能见机而行。其实就是说苻坚不善于顺天命，待时机。

司马光的评价便是尹纬的那一番话："坚之所以亡，由骤胜而骄故也！"

不管如何，苻坚对国家的统一有着不可磨灭的贡献，是一个悲剧英雄！

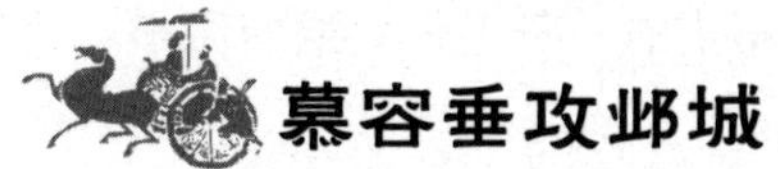

慕容垂攻邺城

再说苻丕死守邺城。慕容垂久攻不下，于是派兵先收复了邺城周围的州郡，又命翟斌率部在漳河上游筑大堤蓄水，准备决堤放水灌城。慕容垂等着翟斌筑堤，所以暂停战事。慕容垂闲来无事，便与慕容农、慕容麟带着亲信数十骑出巡，路过华林园的时候，见园中景致很好，便进去赏景。哪儿知道一支秦兵的侦察队发现慕容垂等人，立刻把华林园包围，并向园内射火箭。

外面是秦兵急攻，里面是烈焰升腾。正在危急时刻，慕容隆率领数千人马赶到，这支秦军的侦察队立刻退兵，慕容垂才得以回营。这时丁零部落首领翟斌因为争地位、抢地盘、分配战利品等许多事情与燕军发生矛盾。许多鲜卑将领认为翟斌将来肯定会对燕军不利，请求提前解决了他。但慕容垂怕杀死翟斌影响他的声望，使天下英雄不敢来投奔，所以只是暗中提防，表面上对翟斌兄弟更加热情友好。

翟斌认为自己功劳很大，又向慕容垂求封尚书令（相当于丞相，这个官名和尚书令使只差一个字，地位却相差十万八千里）被慕容垂婉拒。翟斌遂认为跟着慕容垂混没什么前途，又派人秘密进城与苻丕密谋，然后偷偷把漳河上游所积之水全部泄走。

翟斌这种明目张胆的做法把慕容垂激怒了，慕容垂便设下鸿门宴请翟斌兄弟吃饭，席间把翟斌兄弟杀死。翟斌大哥的儿子翟真正领兵在外，听说两个叔叔被杀，马上调兵去攻打燕军，苻丕也趁势出击。但这一次慕容垂已经做好准备，将二军击退。苻丕带兵退回城中。翟真带兵北去中山，从此与后燕成为敌人。

慕容垂对攻下邺城失去了信心，便放弃攻城，带军退回在肥乡新造的城池，然后派慕容宝与慕容德、慕容楷等守城，自己带着慕容农等人北讨翟真。

丁零的军队与慕容垂的军队在中山对峙。慕容垂知道丁零人虽然勇猛善战，翟真的军队却是最弱的一支，于是拼命只攻打翟真的中军。翟真果然很快败退。其他丁零军队跟着一起后撤，燕军趁势掩杀，丁零军大败。翟真逃往行唐。不久，翟真的部将鲜于乞杀死翟真，投降慕容垂，丁零部队立时溃散。翟真的堂兄翟辽带着一小股部队南逃到黎阳。慕容垂让慕容农留守中山，率大军回师，再一次围攻邺城。但这一次留下了西门，给苻丕留了一条西逃的路。

苻丕不肯西逃，当然他也担心自己在西逃的路上被慕容垂在运动中歼灭。但此时邺城已经被困一年有余了，粮草基本上已经吃光了，再坚守下去，也不太可能。苻丕只好向东晋求救，称如果东晋击败燕军，愿意把邺城献出；如果长安被燕军攻陷，那自己愿意带领所有部队投降东晋。这个时候西燕正在攻打长安。

东晋自从淝水大捷之后，派杨亮出兵收复川蜀，派刘牢之出兵收复黄河南岸。谢玄被朝廷封为徐、兖、青、司、冀、幽、并七州都督，而这七个州都在北方失地，说明了朝廷这一次北进的决心。

焦逵把苻丕的信送给谢玄。这封信的内容基本上就是一封投降书，谢玄很是高兴，遂命刘牢之率三万士兵驰救邺城，并命晋陵太守滕恬之向邺城运军粮二千斛。

刘牢之在邺城与苻丕配合，大败燕军。燕军败退到肥乡新城。刘牢之的军队跟杀过来，燕兵弃城而逃。刘牢之一直追杀到五桥泽（今河北广宗境内），被燕军伏击，晋军大败，如果不是秦军及时赶来相救，刘牢之就全军覆没了。秦军与晋军遂退守邺城。东晋朝廷听说晋军大败，对北进又失去了信心，命令刘牢之带兵回到黄河以南。刘牢之退军后，苻丕也带着秦军以及城中六万余口百姓西去。

慕容垂等苻丕西去之后，率燕兵占据了邺城。这时候邺城已经成为一座空城；邺城周围数百里也因为连年征战，人烟稀少，农田荒芜。燕军进驻邺城后，吃饭成了大问题。将士们连吃一顿饱饭都不能。慕容垂下令禁止百姓养蚕，采集桑葚作为食物，但仍然不能从根本上解决问题。这时在中山的慕容农称中山城比较富足，粮食也不成问题。于是慕容垂让鲁王慕容和带一小部分军队驻守邺城，自己率大众迁都中山，并于次年正月在中山称帝。这时燕国有两个皇帝，一个是西燕的慕容冲，一个是后燕的慕容垂。

苻丕被东晋斩杀

苻丕向西来到晋阳的时候得到长安陷落，苻坚被杀的消息，不久又听说太子苻宏也投奔了晋朝，苻丕及众人放声大哭。万幸的是并州在秦骠骑将军张蚝、并州刺史王腾的治理下还算稳定，王猛的儿子、幽州刺史王永也因后燕的进攻而率领五万士兵西退到晋阳。前秦此时还具有一定的实力，于是苻丕在晋阳继皇帝位。

苻丕是苻坚之庶长子，少时聪慧好学，博通经史，文武才干虽不及苻融，不过他当将领时善于笼络士卒之心。

公元 386 年，王永在进攻西燕慕容永时战死，苻丕失去了有力的支持者，害怕被东海王苻纂加害，率骑数千南奔东垣（今河南新安），谋袭洛阳。晋将冯该攻击他，把他斩首杀死，俘获其太子苻宁、长乐王苻寿，送到建康，东晋朝廷赦而不诛，送到降晋的苻宏那里。

再说前秦将领吕光，奉苻坚之命平定西域，驻兵在龟兹。龟兹地处交通要道，是个繁华大城市，一点儿也不比长安差。吕光又算是西域的最高地方长官，成了当地的土皇帝，有权有钱的日子过得很是滋润，但时间长了将士们都有思乡之心。不久又传来苻坚淝水大败，慕容、姚苌纷纷自立的消息，吕光便带着部队东归。

凉州刺史梁熙本有割据凉州的打算，听说吕光来了，第一件事先把行唐公苻洛给杀了，以防此人与吕光里应外合；又命高昌太守杨翰等人严守险关，不许吕光入境。哪知道吕光一路进军，所过郡县纷纷请降，杨翰等人全部投奔了吕光，高昌、玉门、敦煌、晋昌等郡很快落到吕光手中。

梁熙急派儿子梁胤、大将姚皓、别驾卫翰，率五万部队来到酒泉据守。但梁胤的军队很快被吕军击败，梁胤被擒；吕光接着进军到姑臧城下时，武威太守彭济带兵把梁熙擒住，献城投降。吕光命将梁熙父子斩首，然后派人到凉州各处发号令，命令其他的州郡投降，但酒泉太守宋皓和西郡太守索泮坚决不降。吕光派兵很快将两城攻下，将二人斩首。至此，吕光占据凉州，自称凉州刺史。这时传来苻坚死讯，吕光遂令三军为苻坚戴孝穿白，并举行了盛大的丧礼。第二年十月，吕光又自称使持节，侍中，中外大都督，督陇右、河西诸军事，大将军，凉州牧，酒泉公。史称后凉。

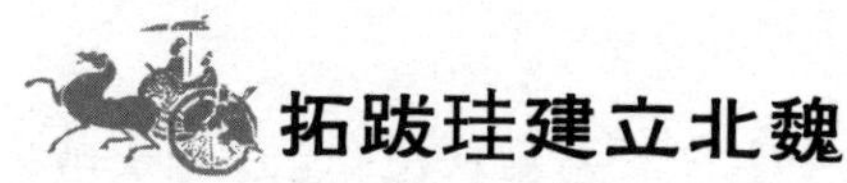

拓跋珪建立北魏

话说代王什翼犍被击败后，前秦命匈奴独孤部首领刘库仁管辖代地的鲜卑人。刘库仁死后，他的儿子刘显继承了他的位子。

而这时，拓跋珪年已十五岁，武艺出众，英气逼人，拓跋族人对这个代王之后特别尊重，暗暗寄希望于他。

刘显担心拓跋珪对自己的权力形成威胁，便想杀掉他。原代王拓跋什翼犍的外甥知道这个消息后急忙告诉拓跋珪的母亲贺氏。贺氏用美色引诱刘显，把刘显灌醉，拓跋珪遂带着长孙犍、元佗、罗结等人悄悄逃走。

刘显一觉睡到第二天大中午才醒来，不见了拓跋珪，知道受骗，便问贺氏要人。贺氏的弟弟刘亢泥苦苦为贺氏求情，刘显又恋贺氏美色，总算没有杀她。不久刘显得到消息，拓跋珪已到了贺兰部，外朝大人贺悦、南部大人长孙嵩等都率着各部落去投奔拓跋珪。刘显于是亲率一支军队去攻打贺兰部，由于贺兰部早就得知消息迁移，刘显没能追上。而中部大人庾和辰趁刘显出兵，也率部跑了，而且还把贺氏也带走了。

拓跋珪逃到贺兰部投靠他的舅舅贺讷。贺讷遂把此贺兰部交给拓跋珪，接着拓跋鲜卑族的许多部落都来投奔，拓跋珪很快拥有三十万的部众。拓跋珪大悦，遂于东晋太元十一年正月（386 年）即代王位，定都盛乐城。四月，拓跋珪因“代王”是晋朝封号，改“代”为“魏”，自称魏王。史称北魏。

拓跋珪又联合后燕，一起去攻刘显。刘显被燕魏联军杀得大败，家底彻底赔光了。拓跋珪则得到了刘显的地盘，他以此为基础，又派兵四处征伐，很快将库莫奚、吐突邻、高车、纥突邻、纥奚等部统一；又派兵深入漠北，追击不肯降服的柔然部，或杀或俘，将其平定。

拓跋珪正在摆宴庆贺的时候，后方传来消息，刘卫辰趁魏军出讨柔然，以其子刘直力鞮带兵八万进攻魏国。拓跋珪立刻带军队回去，在铁岐山南大败刘直力鞮的军队。刘直力鞮带兵一路南逃，魏军在后追击，一直从五原金津南渡过黄河追到刘卫辰的领地，随后攻到悦跋城下。刘卫辰父子连城都不敢守，弃城而逃；最后被魏军的轻骑在木根山下将其全家擒获，只有刘卫辰的小儿子刘勃勃一人得以逃脱，他就是后来建立夏国的赫连勃勃。

拓跋珪命令将刘卫辰全家、宗亲以及党羽五千多人全部杀死，把尸体扔到黄河里去。至此，黄河以北的各部也被拓跋珪统一。

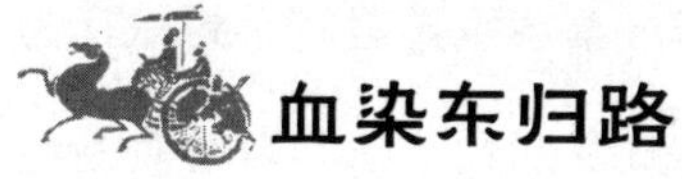

血染东归路

前面说到翟真的堂兄翟辽带着一小股部队南逃到黎阳，投奔东晋。黎阳太守滕恬之将翟辽收留，但翟辽利用滕恬之爱好畋猎，不恤士卒的弱点，收买人心，发动兵变，将滕恬之软禁，占据黎阳。很快，丁零族人纷纷投奔翟辽，翟辽又拥有了数万人马。

后燕魏郡太守齐涉聚众一万人投降翟辽，在新栅（今河北省清河县西）据守，东晋泰山太守张愿率一万部队也降了翟辽，在祝阿县（今山东省德州市齐河县）的甕口驻军。

后燕慕容垂遂派慕容德、慕容隆带兵两万去进攻张愿。慕容德、

慕容隆行军至斗城（今山东禹城西南）。离甕口二十余里，燕军停军休息，准备休息够了再一鼓作气，去攻甕口。哪知道刚刚解下马鞍，埋锅造饭，张愿突然带兵杀来。慕容德的军队仓皇抵抗，赶紧后撤；慕容隆的部队却很快集合完毕，反击张愿的军队。张愿的儿子张龟在战斗中被燕将王末杀死，张愿败退。

慕容德的军队看到张愿败了，又整兵回来，与慕容隆的军队合兵一处追击张愿的军队，一直追到甕口，再次大败张愿，张愿带着残军退守三布口（今山东肥城县东）。燕军很快收复了历城（今济南市东南部历城区），尽占青、兖、徐三州郡县。不久，新栅的冬鸾也发动兵变，擒获齐涉父子投降后燕。慕容垂命令将齐涉父子二人斩首，其他人一律赦免，然后再次整军，亲自率军南征翟辽。翟辽估摸着自己不是后燕的对手，便赶紧派使臣向后燕请降，慕容垂遂罢兵，封翟辽为徐州牧，河南公。但等燕军回兵之后，翟辽又后悔了，与慕容垂断绝臣藩关系，自称魏天王，建都滑台（今河南滑县），史称翟魏。时为公元 388 年。

公元 385 年慕容冲攻破长安后，既贪恋长安的繁华安逸，又不愿东归与叔叔慕容垂争夺领土，于是便在长安待了下来。但鲜卑将士和贵族都希望能回故地，不愿久留长安。公元 386 年，左将军韩延杀死慕容冲，拥立前将军段随为西燕王。

段随并不是慕容皇族，因此遭到慕容家族的反对，仅仅一个月后，长安再起兵变，仆射慕容恒、尚书慕容永、武卫将军刁云率燕兵攻入宫中，杀死段随。三人拥立慕容皝的孙子慕容凯为燕王，然后带领四十多万鲜卑人离开长安，开始了用鲜血铺就的东归之路。

姚苌等慕容鲜卑一离开长安，立刻带部队进入长安，然后称帝，国号“大秦”。

西燕离开长安不久，在行军途中又发生政变。慕容凯被慕容恒的弟弟慕容韬所杀。慕容韬与慕容恒又立慕容冲的儿子慕容瑶为燕王。慕容冲就是因为不愿东归而被杀的，所以很多人对慕容冲及其后人并不服气，担心他们对东归不利，鲜卑众将都转而支持慕容永。慕容永也不同意立慕容瑶为燕王，便率兵把慕容瑶从慕容恒兄弟手上夺过来杀掉，立慕容泓的儿子慕容忠为皇帝，但几个月后慕容忠又被刁云所杀，众将拥立慕容永为主。慕容永被推为大都督、大将军、大单于、雍秦梁凉四州牧、河东王，并派使臣联络后燕，向后燕皇帝慕容垂称臣。

就这样一路行军一路杀，伴随着内乱和内讧、鲜血与阴谋，西燕部族终于来到了并州闻喜县。这里是前秦的地盘，于是慕容永派人去向苻丕借道。慕容族曾攻破长安，把前秦的老家给抄了，苻丕能借道么？苻丕亲自带兵八万去攻击西燕。

秦军与燕军在襄陵大战，秦军大败，前秦的文臣武将大多都在这次战役中战死。慕容永遂占据山西，并以长子为都，登基做了皇帝。

末世英雄苻登

苻丕带着五六千败军南逃至陕县，被东晋将军冯该袭击。苻丕在战斗中被杀死，太子苻宁、长乐王苻寿等人都被擒获，送到建康。东晋皇帝对他们还不错，全部赦免，交给先逃到东晋的太子苻宏管理。另有尚书寇遗、勃海王苻懿、济北王苻昶在这次战斗中逃脱，三个人化装作乞丐，一路向西，去投奔南安王苻登。

苻登是前秦最后一位值得一提的悲剧英雄，论起血缘，和投降东晋的苻宏，投降后燕的苻定、苻绍之流相比，他与苻坚的关系差得很远：勉勉强强可以算作苻坚的族孙。但正是这么一个不起眼的人物，却在十分不利的局面下，将前秦的正朔硬生生地延续了九年。

前秦大安二年（386 年）冬天，从死尸堆中逃出性命的寇遗、苻懿、苻昶三人来到南安。苻登得了凶讯，给苻丕发丧，要立苻懿为帝，他身边的将士都认为大难当头，不能再立年幼不懂事的小皇帝了，公推苻登为主。苻登就在南安东面即皇帝位，改元太初。

苻登的性格粗犷而憨厚，也读过不少书。他当皇帝以后便给自己定了一个坚定的目标：复仇。这复仇的对象便是“弑君”小人姚苌。他在行军时，把苻坚的灵位用军车载着，以黄旗青盖和三百个武士护送，放在军中；准备作战的时候，都要先祈告苻坚的灵位，然后出兵。

他的祷词很有气势："维曾孙皇帝臣登，以太皇帝之灵恭践宝位。昔五将之难，贼羌肆害于圣躬，实登之罪也。今合义旅，众馀5万，精甲劲兵，足以立功，年谷众穰，足以资赡。即日星言电迈，直造贼庭，奋不顾命，陨越为期，庶上报皇帝酷冤，下雪臣子大耻。惟帝之灵，降监厥诚。"

前秦的将士们听了这段祷告无不悲痛流泪，对后秦满怀仇恨。这些将士在盔甲上刻下"死""休"的字样，表明战斗到底的决心。苻登摆的阵势是以长矛为主的步兵和以钩刃为主的骑兵混合，构成似方似圆的方圆大阵，在阵中根据具体情况调配人员，弥补疏漏，士兵可以各自为战，所向披靡。

无论从战术、还是从气势上看，苻登的军队都压倒了姚苌（尽管人数并不占优），但姚苌毕竟是姚苌，是狡猾无耻的姚苌。他知道苻登手下的军队是大兵团，一时不可能打垮，就采取能躲即躲、能避则避的策略，尽量不将自己的力量完全暴露在苻登面前，与他进行正面交锋。

苻登屡战屡胜，却总不能击溃后秦的主力。但姚苌也被拖得很惨，关中不少豪强都叛他而去。双方打得快绝望了，苻登就叫数万士兵围着姚苌的营帐大哭，哀声冲天。姚苌受不了，一声令下：后秦的军队也跟着哭！苻登的军队哭不过姚苌，没了士气，只好撤军。

姚苌看苻登总是打胜仗，心里气不过，就找原因。你猜他想出了个什么理由？他看苻登每战必在军中摆放苻坚的灵位，便也在自己的军队里摆上苻坚的灵位，供上苻坚的神像，也学苻登给苻坚写祷词，

真是千古奇事第一桩。

这祷词与苻登的一正一反，正反映了姚苌的流氓风格：“往年新平之祸，非苌之罪。臣兄襄从陕北渡，假路求西，狐死首丘，欲暂见乡里。陛下与苻眉要路距击，不遂而没。襄敕臣行杀，非臣之罪。苻登陛下末族，尚欲复仇，臣为兄报耻，于情理何负！昔陛下假臣龙骧之号，谓臣曰：‘朕以龙骧建业，卿其勉之！’明昭昭然，言犹在耳。陛下虽过世为神，岂假手于苻登而图臣，忘前征时言邪！今为陛下立神像，可归休于此，勿计臣过，听臣至诚。”

苻登进军，见此情景，跑到塔楼上大声呵斥姚苌：“从古到今，哪有杀了君主反倒立他的神像以求保佑的事，能有用吗？弑君的贼人姚苌你给我出来，我和你决一死战！”

姚苌待在营帐里也不理他。久而久之，后秦的军队还是打不了胜仗，反倒搞得军中不安宁，姚苌又斩下神像的脑袋送到苻登军中。

苻登在战术上很有一套，在战略上就差多了。他虽能打胜仗却捞不到太多的便宜。太初四年（389年），前秦军东征，一路奏凯，逼近姚苌大军所处的安定。

姚苌身边的大将都劝姚苌与前秦决战，姚苌答道：“苻登是穷寇，和这样的军队决胜，是兵家大忌。我自有妙计胜他。”

他只留下一个尚书令姚旻在安定，自己率领三万大军偷袭秦军的辎车行李，获得全胜，苻登的皇后毛氏和两个王子、数十名战将，都被姚苌擒杀。

苻登赔了夫人又折兵，对姚苌的仇恨愈切。但他拿姚苌越来越没办法，每次劳师远征，都是无功而返，还常常挫了士气，损了兵将。

两个人打到最后，苻登对老病垂死的姚苌仍然一筹莫展，遍寻姚苌的主力不见其人，后秦的军队倒从自己的背后冒了出来，苻登只剩下一句惊叹："此为何人，去令我不知，来令我不觉，谓其将死，忽然复来，朕与此羌同世，何其厄哉！"正是"既生登，何生苌"。

姚苌比苻登大十三岁，终于先苻登而去世，但他生前已经注意培养自己的太子姚兴。

后秦建初八年（393 年），姚苌病去世。临终前，他叮嘱姚兴的一段话倒很在理，他说："你今后安抚骨肉要讲恩，对待大臣要讲礼，处理事务要讲信，治理百姓要讲仁，只要不丢掉这四条，我就无忧了。"

太子姚兴秘不发丧，积极筹备攻打苻登。苻登得到姚苌病逝的消息，喜从心来，得意地说："姚兴小儿，看我拿木杖打扁你！"他率领前秦的全部主力进攻后秦，只让安成王苻广和太子苻崇留守雍城（今陕西凤翔以南）、胡空堡（今陕西彬县一带，顺便说一下，十六国中后期由于连年战乱，割据的势力各自地盘也不大，为了便于进攻和防御，他们都在传统意义上的城之外，修筑了不少专用于战争攻防的城堡，称作堡，类似欧洲中世纪的城堡）两个主要据点，准备一举灭掉姚兴。

姚兴亲自主持的第一场大战打得很漂亮，双方军队相遇时，姚兴派自己的长史（类同于军师一职）尹纬先期占据水源。前秦军队得不到饮水，一时大乱，渴死的就有三成多。尹纬乘乱与秦军大战，苻登军队四散溃逃。

苻广、苻崇两个不顶事的王子也望风弃城，苻登退到雍城见不到人，又逃往平凉，向西秦王（当时称为河南王）乞伏乾归（乞伏国仁

之弟，西秦的第二任君主）求援，还没得到救兵，就在泾阳（今甘肃泾川一带）遭到姚兴的最后一击，兵败被杀。

太子苻崇逃到湟中匆匆称帝，却无法立足。他带着剩下的氐人流亡到陇西王杨定那里（这个杨定是前面一度被苻坚消灭的仇池杨氏的后人，现在也乘乱独立），还想共谋攻打西秦，占据其地盘，终被乞伏乾归消灭殆尽。

北方十国犬牙交错

这一时期，中国是多国并立，各据一方，征战不断，惨烈悲壮。具体形势为：

今天内蒙古中西部地区以及蒙古国的南部地区，首领为拓跋珪，称“魏王”，史称“北魏”；

今天辽宁省、河北省、山西南部地区、山东大部分地区、河南省黄河以北地区，首领为慕容垂，称“皇帝”，史称“后燕”；

甘肃南部和陕西中部地区，首领为苻登，称“皇帝”，史称“前秦”；

甘肃省大部、新疆维吾尔自治区、青海东北部地区、内蒙古部分地区，首领为吕光，称“凉州牧”“酒泉公”，史称“后凉”（仍以前秦为国号，承认是前秦的属地）；

甘肃省东南部的西和、武都、天水、略阳、陇城、翼城等地，首领是苻坚女婿杨定，称“仇池公”，公元389年自号“陇西王”，史称“后仇池”（仍以前秦为国号）；

甘肃省东部渭河上游的陇西之地，首领为乞伏国仁的弟弟乞伏乾归，称“金城王”“梁王”，史称“西秦”（此时向前秦称臣）；

青海大部、甘肃南部小部分和四川西北地区，首领为视连，称“沙州牧”“白兰王”，史称“吐谷浑”（此时向西秦称臣，也算是前秦之臣）；

陕西中北部、内蒙古河套地区、宁夏全境，首领是姚苌，称“皇帝”，史称“后秦”；

河南省黄河南岸东部、山东省西部，首领是翟辽，称魏王，史称“翟魏”；

居无定所，到处打游击战，攻破长安后又向东杀去，当时大概游击于陕西东南部的慕容泓，称“皇帝”，史称“前燕”；

北部到陕西汉中地区，中原有河南黄河南岸大部分地区、山东南部部分地区，南部到越南全境、云南省、缅甸东北部部分地区，首领是司马曜，称“皇帝”，史称“东晋”。

北方的十个国家不断混战，后来又有新的国家崛起，当然也有国家灭亡。

值得一提的是，自拓跋珪公元386年定都盛乐城，改“代”为“魏”后，便意味着北朝开始了。

参合陂——后燕的噩梦

话说铁弗部落的勃勃侥幸逃脱，被西秦国主姚兴封为安远将军，统领着以铁弗部众为主体的三万人口，势力渐渐发展起来。由于他们威胁北魏的西部边界，从天兴四年（401 年）年底起，拓跋珪开始对勃勃用兵，从而影响了西秦、魏两国的关系。

第二年五月，西秦国主姚兴命令大将姚平等人率四万军队攻击北魏，自己也带领军队出来接应。两个月后，姚平部占领战略要地乾壁，形势对北魏很不利。得知消息以后，拓跋珪带领大军亲自赶来救援，在柴壁将姚平部团团围住，让姚兴部的援兵无法靠近。被围在柴壁的秦军粮竭矢尽，他们与援军之间只隔着一条河流，但却始终不能相互接近。无奈之下，统帅姚平与许多将领投水自尽，其余两万秦军束手就擒。

姚兴等人遥望着对岸的姚平全军覆没，却毫无办法，全军痛哭，声震山谷。后来姚兴好几次派出使臣求和，但拓跋珪却不同意，还想要乘胜进攻，碰巧这时柔然打算攻打北魏，拓跋珪这才撤兵而去。在柴壁发生的这场战争是北魏建国后最大的一次战争，但勃勃的威胁并未从此消除。一直到了魏太武帝拓跋焘的时代，才终于灭掉了夏国。

在拓跋魏发展和势力壮大的过程中，后燕的支持和帮助起着至关重要的作用。但在政治角力场上，没有永远的敌人，也没有永远的朋友，有的只是永远的利益。北魏和后燕合作了一段时间之后，因为种种利益冲突，矛盾激化，魏燕之间的融洽关系逐渐出现裂缝，最后终于绝交。到了登国十年（395 年），这两支曾经亲密合作的势力终于要刀兵相见了。

这年五月，慕容垂调动重兵攻打拓跋珪。他让太子慕容宝担任主帅，希望一举消灭魏国势力。但战争的胜负并不决定于兵力的对比，而决定于双方指挥者的策略谋划。慕容宝并不是一个优秀的统帅，他犯了骄傲轻敌的错误，自认为兵多势众，打起仗来很不谨慎。而拓跋珪在战前则做了慎重考虑和精心策划，听从部下的建议，先避免和后燕的主力部队交战，把人口畜群都迁到黄河以西，让后燕军队不费力气就拿下了五原郡。这一来后燕军更加得意，一路赶到黄河岸边，打造船只，准备过河追击。而拓跋珪则在河这边修筑了许多防御工事，一边让军队严密防守，一边做出战略部署，派出三路大军悄悄包抄到后燕军队的侧翼和后方。

到了九月，后燕渡河的船造好了，大军在慕容宝的率领下准备向对岸进发。但上天似乎真的不打算保佑他们，河面上突然起了大风，几十只船被吹到对岸，船上的三百多人当场被魏军抓获。这一下后燕的军心和士气都受到沉重打击，许多人心中都有了不祥的预感。

自从切断了燕军去中山的道路之后，慕容宝已经很久没有得到过朝中的消息。来往于军中和后燕国都中山的使者都被魏军抓获，拓跋珪伪造消息，让人向后燕军阵散布消息，说慕容垂已经病死，问他的

儿子们怎么不早些回去。慕容宝难辨真假，以为父亲真的已经去世，再也没有心情和魏军纠缠下去，干脆烧了渡船，撤军回去。

此时已经是冬天，但烧船的时候天气还不太冷，慕容宝认为河面上不会结冰，魏军也就肯定不能追来，并不太留心身后的防守。但不久之后风云突变，气温骤然下降，黄河河面上结了厚厚的冰层，拓跋珪抛下辎重，指挥两万魏军精锐部队迅速渡河，轻骑突进，昼夜兼程，一路追到今天山西大同附近的参合陂。后燕军正在这里扎营休息，毫无防备。拓跋珪悄无声息地突袭燕军营地，燕军猝不及防，顿时大乱，人们争相逃跑，互相踩踏，慌乱中竟有近万人死伤。慕容宝等人也被冲散，各自逃出，结果四五万人弃械投降，只有几千人逃走。

这一仗之后，拓跋珪缴获的人员物资不计其数，燕、魏双方的军事力量都发生了很大变化。但这时拓跋珪还只是一个优秀的军事统帅，在政治策略上还不够成熟。他犯了一个大错误，听从部下的激进意见，将投降的燕军全部杀死，只留下一些具有政治才能的汉人，却没有想到这种滥杀的政策会给自己未来的事业造成多么大的负面影响。

慕容宝逃回中山以后，看到父亲慕容垂安然无恙，心中愧悔莫及。他请求慕容垂再次出兵伐魏，以弥补之前失败带来的损失。慕容垂当然也不会甘心于这样的失败，重新调集了军队，在第二年三月亲自率兵出征。他毕竟是更富有经验的统帅，这次出兵要比前一次顺利得多。他们采取了秘密行军的方式，毫无声息就到了云中。当燕军的先锋部队到达平城时，拓跋珪正出巡在外，平城守将丝毫没有防备，仓促应战之后平城很快陷落，拓跋珪得到消息，一时间也大为震动。

打了胜仗的慕容垂率军向平城进发，路上却经过参合陂。这个地方已经成为后燕的噩梦，死难将士们的尸骨堆积如山，昔日的战场惨不忍睹。过路的燕军见到这样的惨状，全都悲愤难耐，一时间哭声震天。慕容垂早已重病在身，这次勉强出征只是为了报仇，眼前的惨状让他大为震动，悲惭交织，以致心痛吐血，病情更加严重。队伍无法再向平城进发，只能撤回中山。不久之后，当燕军回撤至上谷时，慕容垂在行军路上病逝，慕容宝继位。

后燕的政局动荡给拓跋珪造成了机会。慕容垂去世后，拓跋珪回到平城，指挥四十余万大军一路杀出，旌旗军阵绵延两千多里，一路击鼓前行，沿途民众无不为他们的军威所镇服。魏军行进得很顺利，他们连取上谷、并州、常山等地，现在后燕在中原的统治区域中只剩下中山、邺、信都三座孤零零的城市了。

眼前的形势已经对拓跋珪非常有利。他派出几路军队分别攻打这几座城市，又自带兵去打中山，本以为很快就能攻下，没想到却停滞不前，毫无建树；其他几路军队的情况也差不多，损兵折将，一筹莫展。

现在拓跋珪终于尝到了当初滥杀俘虏的苦果。后燕名将慕容隆死守中山城，拒不出战，拓跋珪也毫无办法。数目庞大的军队驻在城下，每天都消耗大量储粮物资，有时候拓跋珪也想到向城里的人劝降，但后燕人却回答他说："我们已经看到参合陂的下场了，反正都是死，多抵抗一阵还能多活一阵！"

拓跋珪开始后悔了。他遇到的麻烦还不仅限于后燕的抵抗，北魏军队里出现了疫病，粮草供应不足，一些士兵和坐骑因此死去；在这次出征的部队里，许多人来源于新被拓跋部征服的部族。他们虽然被

编进队伍里，却不是心甘情愿为北魏作战，有人甚至在军营中造反，差点就杀死了拓跋珪；还有拓跋珪的族弟拓跋顺正留守在云中，他听到魏军作战不利的消息，竟然打算自立为王，这些都让拓跋珪劳力劳神不少。

虽然出现了许多麻烦，但拓跋珪并不打算撤军，他的意志一向都很坚定，他也不想无功而返。他拓跋珪开始仔细审视眼前的形势，打算进行有效的政策调整。他不再滥杀对手，尽量优待归降过来的人，罢免了那些喜欢杀戮的将领，小心翼翼地建立自己的温和形象。他开始约束自己的军队，命令行军过程中不许损害民众财物。

在进行一系列的策略调整之后，到了皇始二年（397 年）正月下旬，拓跋珪集中兵力，亲自率军攻打信都，三天后即告成功。随后他又率军前往中山，半夜里遇到慕容宝的燕军劫营，四周火起，不少军士慌乱奔逃，拓跋珪也被惊醒。他来不及穿衣，赤脚冲出去敲鼓召集将士，将他们重新组织起来，冲进营地重新进攻，反而打了一个大胜仗。这一下后燕军死亡一万多人，慕容宝逃回中山，大量兵器物资都被魏军缴获。

不久之后，慕容宝遣使求和，提出使常山以西属魏，中山以东属燕，并愿意送回拓跋觚。拓跋珪答应了他的请求，但不久之后慕容宝就反悔背约，于是拓跋珪再次率军出征，包围了中山城。

正在这时，后燕政权内部出现了动荡。慕容麟与慕容宝争夺皇位，几番争斗之后，慕容麟被杀。这场内耗为拓跋珪提供了机会，他趁势占领了中山城。后来燕军放弃邺城，撤到黄河以南防守，从此黄河以北的原后燕地区全部归拓跋珪所有。

拓跋珪一生都生活在刀光剑影中，阴谋与杀戮贯穿他的全部生命旅程，多年钩心斗角与紧张危险的生活环境让他养成了多疑暴虐的性格。他经常吃一种叫做“寒食散”的东西，这种药物在魏晋南北朝时期曾经广泛流行，类似于后世的兴奋剂。服药之后，拓跋珪总是情绪激动，喜怒无常，滥杀无辜，公元409年他被拓跋绍杀死，时年三十九岁。

到他的孙子拓跋焘在位时，先后将胡夏、北燕、北凉这三个小国消灭，并于公元433年进攻汉中，攻灭杨氏建立的后仇池国，结束了十六国纷争的混乱局面，将北部中国统一于魏朝大旗之下。

淝水战后的东晋形势

东晋朝廷内部，士族当轴人物陆续凋零：桓冲死于淝水之战的第二年，即太元九年（384年）；谢安于淝水战后未及受赏，于太元十年（385年）去世；太元十三年（388年），谢玄、谢石相继去世。东晋士族人物，无论居中居外，无论事功学术，再没有过去那种人才相衔而出的优势了。

功高遭忌，谢公病逝

淝水之战的胜利，使东晋又渡过了一次亡国的危机，谢氏家庭的政治地位也随之达到了顶峰。朝廷为了奖擢功勋，加封谢安为太保、诏加都督十五州诸军事；任谢玄为荆、江两州刺史，但谢安认为谢家父子名位过盛、桓氏失位会招来怨恨，建议让桓石民、桓石虔、桓伊等人担任荆州、豫州等州刺史，结果“彼此无怨”。不管怎样，谢安的风范已受到了世人的敬仰，到处都在传说关于他的佳话。

也许有人会问，谢安身处朝堂，为何在情势危急、举朝震恐的时候，唯独他能够临危自若，处之泰然呢？俗话说：“冰冻三尺，非一日之寒”；兵书云：“知己知彼，百战不殆”。其弟谢万当年做豫州刺史，他也随行在豫州；谢万北征，他也同行，并经常匡正弟弟在各方面的过失，他曾经亲自造访拜慰谢万属下的各个部将，替谢万向他们赔礼致谢，消除了他们对谢万的抵触情绪。所有这些，都表明他正以一种积极心态步入政坛。当初他不愿出山，有人就预言：“安石既然能与人同乐，就必定会与人同忧，再征召，他会来的”。看来这人果真深知安石之志。在军事方面，他也是多年研习兵书，并掌握了大量有关前秦政治、军事及人物心理、贤愚忠奸等方面的情况，可谓是“知己知彼”。当秦军以黑云压顶之势扑向东晋时，谢安的实践充分证明了孙子的名言：“将不在勇而在谋，兵不在多而在精。”

然而，天有不测风云。淝水之战的烟火还未完全散尽，谢安却因功名极盛遭到了一些阴险好利之徒的陷害。他们在晋孝武帝跟前进谗言，使这个业已成人、一心想兴复皇权的酒肉皇帝对宰相谢安有了猜嫌之意。他委重自己的同母弟弟会稽王司马道子，使得政权移落到这个昏庸的王爷手中。司马道子身边豢养着一个与谢安关系微妙的小人——谢安的女婿、王坦之的儿子王国宝。这家伙因不学无术、品行恶劣，一直不受老岳丈的喜欢，更别提栽培重用了。他也一直对谢安心怀怨恨，经常在司马道子和皇上面前极尽挑拨离间之能事，孝武帝疏远谢安，就有着他一份“功劳”。

一天，孝武帝于宫中设宴，将军桓伊侍坐。桓伊是位音乐家，“善音乐，尽一时之妙，为江左第一”，孝武帝命他吹笛。桓伊神色自若，拿出随身携带的柯亭笛吹奏起来，乐曲抑扬顿挫，令人心醉，真可谓“妙声发玉指，龙音响凤凰”。一曲奏罢，满座翕然称善。

这时桓伊放下笛子云：“微臣弹筝虽不及吹笛的技巧，然而亦足以韵合歌管。请陛下准我拂筝吟歌自弹自唱一曲，同时希望有一个吹笛人为臣伴奏。”孝武帝许之。

桓伊鸣弦歌曰：“为君既不易，为臣良独难，忠信事不显，事有见疑患。周王佐文武，金縢功不刊，推心辅王政，二叔反流言。”唱的正是陈思王曹植的《怨歌行》（一题《怨诗》）。他才高八斗学富五车，却在胞兄魏文帝曹丕的猜疑迫害中了却残生。《怨歌行》一诗中曹植慨叹当皇上的难，做臣子的也难，皇上看不到忠臣的心，反而要

加以猜忌。他以忠心辅政却难见信于天子的周公自比，正乃后世白乐天“周公恐惧流言日”之谓也。

当是时，桓伊抚筝而歌，“声节慷慨，俯仰可观”，筝声清扬，笛声宛转。

当时谢安也在座，心情真是无比复杂。那个年轻时纵情歌酒高卧东山坚不出仕，淝水之战百万秦军压境尚且面不改色优游自若，得到前方破敌捷报后犹能若无其事从容续弈的谢安，此刻也为之动容，“泣下沾衿”，快步走出自己的席位，来到桓伊身侧对他说：“使君于此不凡!”

孝武帝闻之，面有愧色。他想起自己幼年即位，全靠谢安和王坦之尽心竭力辅佐，维持着国家的局面。没有谢太傅，哪有他的今天？

谢安老了，他觉得自己真的该休息了。北伐大业还远未完成，国内也不太平，但他真的力不从心了。儿孙自有儿孙福，不是他想管就管得了的。

为了避嫌，谢安被迫离开京城，举家搬到广陵附近，在那儿修了一座陋府，美其名曰“新城”。他虽身遭陷害，但仍不失东山之志，准备等朝廷稍稍稳定，就辞官从水路重返他的会稽乐土。可惜，他的愿望还未实现，就患病了。谢安先对广陵防务做了周密布置，然后才请求朝廷准他回京治病。

当谢安的车辇缓缓驶进建康西州门的时候，病卧车中的谢安伤感地对亲近之人说：“以前桓温在的时候，我常担心自己不能保全。忽然有一次梦到坐桓温的车走了十六里，见到一只白鸡才停下来。坐他的车，预示我替代他的职位；十六里，意味着我代居宰相十六年而止；

白鸡主酉，如今太岁在酉，我的病恐怕是好不了啦!”于是，他上书辞官。几天后，六十六岁的谢安病卒于京师建康。

谢安死后，朝廷上下远近之人都以不同的方式凭吊哀悼他。王导的孙子王珣兄弟都是谢家的女婿，因离婚纠纷，更兼政见不合，而跟谢安有了嫌隙，后来仕途颇受谢安压制。谢安的死讯传到王珣耳中，他便告诉王献之说：“我想去哭谢公。”王献之大出意外，即说：“天下人正等着你。”于是王珣不顾他人目光直奔谢安灵前，恸哭一场，转身而去。虽不握孝子谢琰之手而出（以示与生者仍然没什么好谈的），也不得不对亡人人格与功绩致以真挚敬意，两家一段恩怨到此勾销。

谢安在新城居住的时候，在城东北筑了一条坝，当地百姓都依赖这土坝捕鱼网虾。他死后，人们为了追念他，给坝起名叫“召伯埭”，以寄托他们的敬慕与哀思。

前来吊念谢安的人中间，还有一个他的同乡，就是那位卖蒲葵扇的。他忘不了谢安当年帮他渡过难关，来向他表示敬意和思念。

在朝廷的金殿上，围绕谢安的封谥问题，却展开了另一场争论。以司马道子为首的好利之徒认为谢安生前已占尽风光，不应再加殊礼；而中书令王献之、中书侍郎徐邈等人则认为谢安尽心竭智辅朝廷，是东晋的勋臣，理应加殊礼。孝武帝司马曜也终于认识到，没有谢安，则不会有他和他的皇位，所以诏赠谢安为太傅，封为庐陵郡公。时变境迁，直到刘裕当政后，为了纪念谢安的济世勋德，还大封其子孙，并让他们永世祭祀谢安的魂灵。

“旧时王谢堂前燕，飞入寻常百姓家”。东晋谢家的府第车马、权力财势都随历史的烟云而消散，但谢安作为一个对东晋有贡献的人，

历史会永远记住他的功业和英名。

谢安多才多艺，善行书，通音乐，对儒、道、佛、玄学均有较高的素养。他治国以儒、道互补；作为高门士族，能顾全大局，以谢氏家族利益服从于晋室利益，这与王敦、桓温之徒形成了鲜明对照。他性情闲雅温和，处世公允明断，不专权树私，不居功自傲，有宰相气度、儒将风范，这些都是谢安为人称道的品格。

南宋著名思想家陈亮就曾将王导、谢安并提，指出："导安相望于数十年间，其端静宽简，弥缝辅赞，如出一人，江左百年之业实赖焉。"明清之际，王夫之也说："安三宰天下，思深而道尽，复古以型今。岂一切苟简之术所可与议短长哉!"这些古代著名学者从不同角度对谢安的功业给予了充分的肯定。作为一位优秀的政治家和军事家，谢安是当之无愧的。

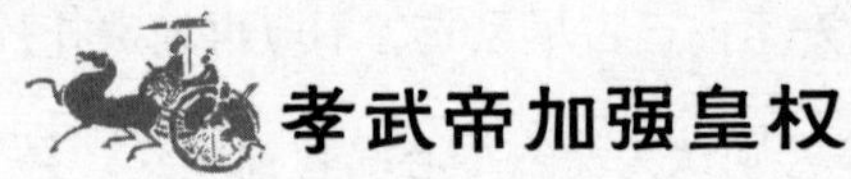

孝武帝加强皇权

淝水之战以后，东晋朝廷在处理南北关系和控制士族权臣方面，都处于有利地位。一时皇权有振兴之势，门阀政治出现转折。

东晋朝廷内部，士族当轴人物陆续凋零：桓冲死于淝水之战的第二年即太元九年（384 年），谢安于淝水战后未及受赏，于太元十年

(385年)去世;太元十三年(388年),谢玄、谢石相继去世。东晋士族人物,无论居中居外,无论事功学术,再没有过去那种人才相衔而出的优势了。

东晋门阀政治,重门第兼重人物。当权门户如无适当人物为代表以握权柄,其门户统治地位也就无法继续,不得不由其他门户取而代之。例如,王导死后,琅玡王氏就逐渐衰弱;庾翼死后,颍川庾氏几乎消亡;桓温死后,陈郡谢氏代之而兴。凡此都是人物存亡影响士族门户地位升降之例。所以当轴士族在择定其门户的继承人时,往往是兼重人才而不专重嫡嗣、宁重长弟而不特重诸子。

王导兄弟辈几乎都居重任,庾亮死而弟庾冰、庾翼相继握权,桓温临死不以世子而以弟桓冲代领其众,谢安继诸兄弟之后始出仕而又于宗门中特重其侄谢玄。这些都是士族慎择人物以图光大门第之例。

庾翼临死,庾氏门户中才能出众的人已不可得,乃以子庾爰之代为荆州,引起满朝非议,朝廷才以桓温为安西将军荆州刺史。

从一个士族门户看来,有了其家族的政治地位,每个家庭的利益都有了保障。东晋门阀政治维持了一个世纪之久,当轴士族换了几家,但门阀政治的格局依旧。看来其原因之一,是士族重视宗族利益而不只是着眼于一个家庭,因而能够从全族中慎择人才以保障门第。

南渡士族虽重人才,但是经过三四代之后,士族腐朽程度普遍增加,人才越来越感匮乏。南渡士族往往是在若干家士族的极小范围内通婚;尽管为了扩大通婚面而不拘行辈,"不讳庶孽",也不可免于出现生理学上人才退化的趋势。东晋末年的政局中,各家士族都不再见到如前出现过的人才,这显示门阀政治的全盛时期已经过去。

门阀政治，以特殊际遇下出现的“王与马共天下”为开端，下启庾、桓、谢氏迭相执政局面。各家执政情况虽然不尽相同，但基本格局仍然是庾与马、桓与马、谢与马共天下。这是秦汉以来专制皇权结构的一大变局。当轴士族控制皇权，操纵政柄，在一定时期内其统治居然比较稳定，朝廷政变极少出现。但是从秦汉以来传统的政治体制说来，国家权力结构的这种变化，毕竟是不正常的，不能长久维持。某些有所作为的皇帝，自然会重用近臣、外戚、宗室，以图抑制士族权臣。

淝水战后，形势起了变化：谢玄北伐，值北方各族混乱异常，北府军胶着于中原，劳多功少；谢安、谢玄面临皇权的挑战，步步退却，谢氏人物日渐凋零；其他士族则既无勋劳又乏人物，不足以各树一帜，制约皇权。门阀士族已是今非昔比。另外，东晋朝廷经历了一个极度衰弱的阶段以后，孝武帝开始积极伸张皇权的努力，初显成效。

孝武帝伸张司马氏的皇权，主要依靠母弟会稽王司马道子。司马道子录尚书事，以相权辅佐皇权。孝武皇后为太原王氏王蕴之女，王蕴及其亲属自然支持孝武帝。会稽王妃为太原王氏王坦之之子王国宝的从妹，王坦之的后人自然支持会稽王司马道子。太原王氏的这两部分，即王蕴父子和王国宝兄弟，均以皇室姻亲而成为东晋晚年政局中的重要人物。他们的权势分别来自皇权和相权，分别从属于皇权和相权，也就是说，他们都从属于司马皇室，与前此居位的某几家士族与司马氏共天下者，已大有不同。

这样，以司马道子的相权辅佐孝武帝的皇权，加上主、相的分属太原王氏两支的后党、妃党的助力，东晋朝廷出现了一种不同于门阀政治的政治格局。这种政治格局基本上与汉、晋以来以宗室、外戚辅佐皇帝、驾驭朝廷的格局相同，只不过有以太原王氏为代表的士族权宜维系于其间，还保留着门阀政治的痕迹。东晋政权在孝武帝时，如果不是司马皇室与诸家士族同样腐朽不堪的话，是有可能结束士族凌驾皇权这种门阀政治的格局而回归于专制皇权的古老传统的。

孝武帝力图伸张皇权，还可以从他用儒生、兴儒学这两端得到说明。因为儒家是讲究“忠臣孝子”“君权神授”的，这符合司马家族的利益。

皇权政治的逐渐恢复，主要人物是孝武帝和司马道子。史籍所载，孝武帝是昏君，司马道子父子是乱臣，这些都是事实。但，在这些昏君、乱臣的某些行事中，却体现了门阀政治向皇权政治的转折。恢复皇权政治，是恢复中国古代历史的常态。这是客观的历史趋势，与评价门阀政治无关，也与评价人物无关。或者还可以说，正由于昏君乱臣当朝，本来是可能有所收获的恢复皇权的活动，才没有出现真正的成效，徒然成为一阵噪声、一场闹剧。

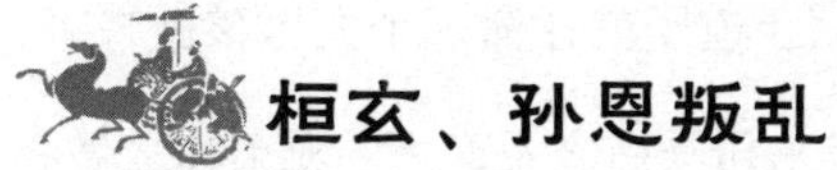

桓玄、孙恩叛乱

淝水战后不久，东晋上下内外协和的局面不幸消失了。太元十年(385年)，谢安去世，就以司马道子领扬州刺史、录尚书、都督中外诸

军事，大权都掌握在他的手里了。他后来被改封为会稽王。

道子信任王国宝，也就是王坦之的儿子、谢安的女婿，谢安发觉他品质恶劣，不加任用。朝政浊乱，徭役繁重。

孝武帝太元二十一年（396 年）九月，张贵人因恐色衰被废，用被蒙住孝武帝的头部，使他窒息而死，推说“因魇暴崩”。司马道子昏庸糊涂，没有追究。太子司马德宗即位，是为安帝。安帝是晋朝第二个白痴皇帝，连冷热饥饱都分辨不清，朝政自然更不必说。司马道子和王国宝更加肆无忌惮，道子甚至把东宫的兵都让国宝率领。

安帝隆安元年（397 年），镇守京口的兖、青二州刺史王恭派使者到江陵，与荆州刺史殷仲堪商议起兵讨伐王国宝。这时桓温的儿子桓玄正在荆州。玄，字敬道，很有才气；太元末年，曾被任为义兴太守。他郁郁不得志，登高望震泽（太湖），叹道：“父为九州伯（九州指天下；伯，霸主），儿为五湖长！”即弃官而归。他在荆州闲居，很为殷仲堪所尊重。他劝仲堪与王恭同盟起兵，说这是齐桓、晋文的举动。

司马道子懦弱无能，听得东西两面要同盟起兵，便把一切问题推在王国宝身上，责令他自杀，派人去向王恭谢罪，于是风波暂时平息。

道子的儿子元显，年才十六岁（道子本人也不过三十三岁），他却不肯罢休，说必须防备王、殷异动。道子就任命这个大男孩做将军，让他统率一部分军队。道子又结谯王司马尚之及尚之的兄弟休之做心腹，一同筹划对付王、殷的策略。

隆安二年（398 年），王、殷果然再次起兵。道子害怕，不知如何是好，把事情都交给元显，自己一味饮酒，逃避到醉乡中去。元显有点勇气，但不过是个没有实际经验的纨绔子弟而已。王恭军的内部矛盾却帮他解脱了这次危机。

王恭用的是北府兵。北府兵大将刘牢之不赞成起兵，又受元显使者的游说，把王恭抓起来，送到建康处死。其时，殷仲堪用杨佺期为前锋，桓玄领第二拨队伍，自己随后，已经进逼建康。会稽王道子用桓脩（桓冲子）的计策，宣布用桓脩代殷仲堪为荆州刺史，任桓玄为江州刺史，杨佺期为雍州刺史。桓、杨大喜，要接受朝命。殷仲堪大怒，命将士退兵。桓、杨掌握不住所领队伍，只得仍与仲堪合作。朝廷无可奈何，把荆州还给殷仲堪。从此桓玄屯兵夏口，与殷、杨貌合神离。道子父子又渡过了第二次危机。

这年，东部还发生了天师道首领孙泰起事的事件。孙泰是钱塘（今杭州）人杜子恭的徒弟，做过新安太守，信奉他的人极多。他以讨王恭为名起兵，会稽王道子使元显把他诱杀。信徒们都认为他是尸解成仙。孙泰的侄儿孙恩逃到海岛上，纠合死党，准备报仇。

隆安三年（399年），荆州桓玄与浙东孙恩都强大起来，已不是司马道子、元显父子所能制伏的了。以后，从北府兵中崛起的刘裕经过几年的努力，先后消灭了这两股势力，东晋的实权也完全落到刘裕的手里。

晋朝弄到如此地步，司马道子、元显父子不能辞其咎。司马道子有病，而且每天都喝得大醉。元显便让朝廷解除他的司徒、扬州刺史官职，由他自己做扬州刺史。道子酒醒知道后，大光其火，但已毫无补救的办法。

这个十八岁的权奸以庐江太守会稽人张法顺为心腹，满朝文武都怕他们两人。当时东部各郡有许多原来的官奴被免除奴隶的身份后，

做了官吏士人的客户（佃客之类）。元显把他们征发到京师当兵，叫做“乐属”。被征当兵的自然不“乐”，那些失掉客户的官吏士人也都抱怨。这年十月，孙恩乘此机会，从海上起兵登陆，杀死上虞县的县令，进攻会稽郡的郡治。

会稽内史王凝之也信奉天师道。他得到孙恩起兵的消息后，不出兵，不布防，天天在府里的道室中拜神念咒。属员请他发兵，他说：“我已借到几万鬼兵，扼守各处要隘，不怕贼兵来犯。”等到孙恩兵近，鬼兵影踪不见，他才准许部下出兵，然而已经来不及了。孙恩打破郡治，杀死王凝之。王凝之的妻子谢道蕴（谢安兄谢奕的女儿）是著名的才女，她拔刀出门，杀了几个人，才被擒获，孙恩倒没有杀她。吴郡、临海（今属浙江）、义兴（今江苏宜兴）的地方长官都闻风逃走。会稽、吴郡、吴兴（今浙江湖州）、义兴、临海、永嘉（今温州）、东阳（今属浙江）、新安（今浙江淳安）八郡的党徒，一时起兵响应，十来天中，发展到了几十万人。朝廷直接统辖的地区几乎全部失陷，建康城内也有潜伏的党羽，形势紧张极了。

晋谢琰、刘牢之统兵镇压孙恩。孙恩所部都是乌合之众，哪里敌得过久经训练的官军。谢琰很快收复了义兴、吴兴，留屯乌程（今浙江湖州），使刘牢之继续进军，渡浙江（钱塘江），收复浙东各郡。

孙恩只靠天师道煽动群众，其实并无作为。他起初听到八郡响应，洋洋得意，对部下说：“天下大局已定，我辈不久就可以到建康去了。”后来知道刘牢之军到达江边，才有点失望，但仍自欺欺人地说：“我占有浙东，还可以做个勾践！”又过了几天，知道刘牢之军已经渡江，便老着面皮说：“孤不以逃走为耻辱！”下令叫男女信徒二十多万人跟着逃走，并沿途抛弃财物子女。官军急于掳掠，追得慢了，孙恩才得以脱身，逃上海岛。

孙恩起得快，败得也快，然而事情并没有完。刘牢之纵兵劫掠，士民大失所望。各处城里的居民几乎逃光，过了个把月，才慢慢地有人回来。官军的暴行正是为孙恩的再起布下的种子。

这场为时短暂的战役使一个人崭露头角，他便是后来成为南朝刘宋开国皇帝的刘裕。刘裕，字德舆，小名寄奴，彭城人。《宋书·本纪》说他是汉朝帝室后裔，这种事谁搞得清楚，无非是以认个阔祖宗为荣而已。“寻根”是好的，但是以不耻贫贱为善。刘裕出身贫苦，种过田，捕过鱼，赌输了拿不出钱，被大族刁氏绑在系马的桩子上，是个出自草莽的英雄。当时他在刘牢之部下只做个参军，有一次奉命率几十个人打探敌情，遭遇敌军几千人，率部迎击，手下全部阵亡，他也从高处跌下。敌兵想下去杀他，他执长刀向上砍杀了好几个人，奋身上去，大喊杀贼，杀得敌兵都不敢上前。刘敬宣见刘裕出去的时间太长，恐怕有失，领兵往寻，见他独当几千敌兵，无不钦佩，于是领兵击败了这支敌兵。刘裕从此成为名震一时的勇将。

在东部各郡扰攘之秋，西部也不太平。殷、杨和桓玄三个人，各有特点。殷仲堪多疑，缺乏决断能力，不是干大事业的材料。杨佺期的远祖是汉朝望族，因渡江较晚，被名门大族看得低人一等，而佺期本人也确有粗犷的缺点。桓玄与父亲比较，显有逊色，但才力在殷、杨之上。殷仲堪联杨制桓，但又不能完全信任佺期，这样的联合自然必败无疑。朝廷要分化这三人，即因桓玄要求增加所统范围，加桓玄都督荆州四郡军事（四郡指长沙、衡阳、湘东、零陵）。杨佺期想先动

手，袭击桓玄，殷仲堪不肯，苦苦劝阻。杨佺期无可奈何，只得歇手。

殷仲堪不肯动手，桓玄却反要先下毒手了。这年荆州大水，殷仲堪尽力救灾，把仓库存粮都用光了。桓玄乘此机会，以杨佺期不救洛阳为借日，发兵西上，进攻江陵。殷仲堪召杨佺期来救，杨佺期认为江陵缺粮，难以拒敌，要他到襄阳去。殷仲堪心慌，就骗杨佺期说已经收集了大批粮食。杨佺期信以为真，领兵到江陵，才知道上了当。桓玄兵到，打败杨部，杀死杨佺期。殷仲堪想逃往北方，也被追兵擒获杀死。

荆、襄都到了桓玄手里。隆安四年（400年），朝廷不得不依照他本人的意愿，任命他都督荆、江、司、雍、秦、梁、益、宁八州及扬、豫八郡诸军事，领荆、江二州刺史。桓玄自说自话，使兄桓伟做雍州（襄阳）刺史，侄子桓振做淮南太守。这样一来，西起蜀中，东到历阳（今安徽和县）、芜湖，都在桓玄的势力范围之内了。桓玄是个野心家，事实上已显而易见。朝廷（实即司马元显）要分化三人，欲扬桓抑殷，可谓愚蠢之至。

司马氏的国运已经危如累卵了，然而司马元显和他的一伙却自我感觉好得很。元显也当上了录尚书事，和父亲道子各有一座府第。人们叫道子为东录，叫元显为西录。东录门前冷冷清清，西录门前一天到晚停满了车马。元显的亲信不是自命为豪杰，就是自诩为风流名士（风流指风度）。元显骄傲自大，公卿百官见了他都拜。政府财政困难，元显的家财却日增月长。这种情形，显然是难以长久维持的。

孙恩一直在海岛上窥伺时机。晋谢琰镇守会稽，自负十几年前大破苻坚大军的战功，不把“孙恩小贼”放在心上，戒备松懈。隆安四年（400年）五月，孙恩再次登陆，攻陷余姚、上虞，进迫会稽。谢琰亲自领兵出战，兵败后被部下所杀。孙恩越闹越厉害，晋朝只有再令北府兵出征一法。十一月，刘牢之领兵东征，孙恩又撤到了海岛上去。

隆安五年（401年），孙恩改变进兵方向，北上攻海盐（今属浙江），但为刘裕所败。孙恩沿杭州湾北岸进军，击退刘裕的追兵（刘裕带的是一支不满一千人的小部队）；五月，攻陷沪渎垒（在今上海市青浦东北旧青浦西），杀吴国内史袁山松；六月，沿长江西进到丹徒（今镇江），所部有海船一千余艘，战士十多万人。建康为之震动。

元显害怕了。桓玄听到孙恩进逼京师，立即集结军队，上书请讨孙恩。元显对孙恩、桓玄都怕，无论哪一个来，自己都必死无疑，幸而刘裕带的小部队日夜赶路，和孙恩同时到达丹徒。孙恩并不注意这支小部队，率领一部分人众，登上了江边的蒜山（今存孤峰，其余部分已淹没）。城中的守军不敢出战，穷苦的百姓并不害怕，有些挑着担子走路的人索性立定了看陌生的队伍。刘裕却不顾疲劳，指挥所部，冲杀上去。孙恩的将士仓促遇敌，惊慌失措，乱逃乱奔，跳山落水的为数很多，他本人也狼狈不堪地逃回船上。然而，他毕竟人多，整顿了一下队伍，便继续向建康推进。幸而援军渐次集中，刘牢之也赶到京口以西江中的新洲，于是孙恩不敢再进，退出长江，由海道北上到郁洲（在今江苏灌云东北）。朝廷嘉奖刘裕的功劳，任命他做下邳太守，追击孙恩。孙恩连战失利，扬帆南撤。十一月，刘裕又在沪渎、海盐大破孙恩军。孙恩浮海远逃，势力远不如前了。

孙恩从建康附近撤退后，桓玄宣布解严。元显方才惊魂稍定。然而，不久之后，桓玄对朝政的责难又使道子、元显紧张起来，于是张

法顺献计，用刘牢之为前锋，元显自率大军随后，讨伐桓玄。这条计如能实施，也未必能够成功。更糟的是：张法顺面见刘牢之商量此事，刘牢之以为难办。张法顺还见元显，说刘牢之不可靠，不如先把他杀掉。元显不听，后来果然出了乱子。

安帝元兴元年（402 年）正月下诏宣布讨伐桓玄，元显自任元帅，仍用刘牢之做前锋都督。桓玄得到在建康之族人的密报，吃了一惊，想采取守势，坚守江陵。长史卞范之说："元显口尚乳臭（这年元显虚岁二十一），只要兵临近畿，马上会出现土崩瓦解的形势。"桓玄才发布檄文，宣布元显的罪状，发兵东下。元显见了檄文，胆战心惊，二月，下了船却不叫开船。另外一头，桓玄出发后，老是怕不能得胜，预作返回江陵的打算，船过寻阳（今江西九江西），还没有发现官军踪迹，胆子才壮起来。如此看来，两军的统帅都怀着一肚子鬼胎，元显当然是无能之辈，但桓玄也不是真豪杰，还够不上奸雄的资格。

这是一次儿戏式的战争。桓玄军一鼓攻克历阳（今安徽和县），如此而已。刘牢之到了建康西南长江中的溧洲，便按兵不动。他听了桓玄所派说客的话，决心倒戈。他的儿子敬宣、外甥何无忌和参军刘裕都劝他不要走这条路，他固执不听，理由是"平玄之后，令我奈骠骑何！"骠骑指元显，他的官是骠骑大将军。刘牢之素来讨厌元显，想先和桓玄合作，除掉道子、元显父子，然后再找机会推翻桓玄，取而代之。他以当代名将的资格，自以为有条件做到，而不知一反再反，终于众叛亲离，陷入灭亡的境地。

三月，刘牢之投降。桓玄兵到建康，只喊一声"放仗（放下武器)!”元显率领的军队便溃散了。元显走马进东府，跟随他的只有张法顺一人一骑。元显问父亲怎么办，道子只对着他哭。捉他的人紧跟着来了，元显成了阶下之囚。

桓玄进了建康，自任（当然号称有诏书）都督中外诸军事，丞相，录尚书事，扬州牧，领徐、荆、江三州刺史，假黄钺。他废黜会稽王道子（不久被毒死，年仅三十九岁），杀司马元显、张法顺等。他任刘牢之做会稽内史，牢之见一上来就被剥夺兵权，要想造反，部下都不愿意。刘裕认为“桓玄新近得志，威震天下”，反他是不可能成功的。参军刘袭说得最干脆，“将军往年反王兖州（兖州刺史王恭），近日反司马郎君，现在又要反桓公，一人三反，何以自立?!”他说完就头也不回地走了，将佐僚属也多半离他而去。刘牢之走投无路，自缢而死。刘敬宣与宗室司马休之等逃投后秦。

刘牢之既死，桓玄除掉了一块心病。同年，孙恩在临海被当地军队打败，跳海而死；余部只剩几千人，推孙恩的妹夫卢循为首。桓玄想安抚这股力量，便任命卢循做永嘉太守。卢家本是北方大族，卢循本人也很有学问，做个太守完全能够胜任。然而他并不想做这个官，不久又攻打邻近州县。桓玄派刘裕前去镇压，卢循立足不住，便和部将徐道覆航海南走到岭南去了。他们以后还要和刘裕一决雌雄。

桓玄一步步地向皇帝的宝座迈进；元兴二年（403年）正月，任大将军。这自汉以来已是司空见惯，做这官的必定专擅朝政。九月，皇帝即命桓玄为相国，封楚王，加九锡；十月，逼晋安帝写禅位诏，禅位于楚；十二月，桓玄在姑孰即位做皇帝，国号楚。

刘裕等的就是这个时机。当初桓玄新得天下，人们希望他改变会

稽王父子的弊政，使天下稍得安宁。但是他奢华放纵，大兴土木，改造宫室，逼得很紧；人家有好的书画、园林，也想方设法占为己有。他于政事没有什么兴革，却只抓些无关紧要的小事，如奏事的文书上写错了个别字之类，以表示什么都瞒不过他；而积压大量奏案，不去处理。他又想废钱用谷，恢复肉刑，加以想法多变，朝令夕更，把政事搞得一团糟。天也不帮忙，元兴元年（402年），江南浙东大灾饥荒，富人穿着绸衣，怀藏金玉而饿死的大有人在，穷人是更不消说。这虽不能由桓玄负责，但自桓玄来后就出现这样的重灾，人们是不会不怪到桓玄头上去的。

元兴三年（404年）正月，益州刺史毛璩首先宣布讨桓，发兵东下；二月，刘裕和刘毅、何无忌等又在京口起兵。这三个人，照桓玄的认识："刘裕足为一世之雄；刘毅家里存粮不满一石，赌起钱来敢一掷百万；何无忌酷似其舅（刘牢之）。"他们都是敢作敢为富于冒险精神的人物。

二月二十七日，刘裕推说打猎，和何无忌纠合了一百多人。次日早晨，京口城门刚开，何无忌身穿传诏书的服装，诈称朝廷使者，当先进城，一百多人跟着一拥而入。守将桓修大概连真假还没有弄清楚，便被砍了脑袋。刘裕得了京口，军中急需一个处理事务的主簿，刘毅推荐刘道民，说没有比他更适当的人了。道民是刘穆之的小字，他字道和，莒县（今属山东）人，博览群书，有文才，做过官，也有吏才，这时正闲居京口。刘裕也知道这个人，立刻派人去请。他听见城里喧闹，出来探望，正与使者相遇。他一上任，一切事务很快都有条有理。

京口对岸的广陵，有桓弘驻防。他的主簿孟昶、参军刘道规（刘裕弟）都参与反桓密谋。举事之前，刘毅到了广陵，决定与京口同一天发动。孟昶劝桓弘打猎，天还没有亮，开城门放猎人出城。孟昶、刘毅、刘道规带几十名壮士进府，桓弘还在吃粥，就被杀了。他们随即率众渡江，与刘裕会合。

刘裕尽管取了两座名城，军队却不过一千七百人。二十九日，他发布檄文，宣布讨伐桓玄。桓玄得报大惊，命吴甫之、皇甫敷率军拒敌。三月，刘裕在江乘（今江苏句容北）遇吴甫之军，一战大胜，斩吴甫之；进至江乘以南的罗落桥，遇皇甫敷军，发生激战。刘裕军初战不利，他自己也被敌兵重重包围，靠着大树苦战，幸而援军赶到，射倒皇甫敷，才反败为胜。

桓玄得二将死讯，更加害怕，命桓谦等率众两万在覆舟山（在今南京太平门西侧）待敌，他自己命人备好船只，预作逃走打算。

三月初二，刘裕军饱餐既毕，抛弃余粮，推进到覆舟山东。刘裕命弱兵登山，多张旗帜。桓谦得探子报告，只知道山谷中全是刘裕军，不知道有多少，胆先怯了。刘裕、刘毅等分作几队，直前冲击。刘裕身先士卒，将士人人死战，喊声惊天动地，又趁东北风急，放火焚烧，烟焰漫天。桓谦带的兵，大部分是北府旧兵，对刘裕又怕又服，都不愿意为桓家出力，很快就溃散了。

桓玄得了败报，出城上船，浮江而去，到了寻阳，又带上囚徒晋安帝，于四月中回到江陵。他自称算无遗策，只因诸军违背了他的节度，才陷于失败。凡此种种，再次说明他不是一个好的政治领袖。

桓玄仍想反扑。五月，峥嵘洲（在今湖北鄂州境江中）之战，刘毅、何无忌、刘道规一举把他的水军击败。桓玄常在座船旁备有小船，

预备战况不利时先逃，因此士气甚是不振。他回到江陵，见人心已乱，谁也不听他的号令，就带了少数随从出逃，在江陵以南的枚回洲被益州兵杀死。

刘毅、何无忌等行动迟缓，又不知道桓玄已死，桓振因此得以据守江陵，与东军相持。但这也是垂死挣扎而已。义熙元年（405 年）正月，刘毅等进入江陵，迎安帝回建康。桓振还在苦战，甚至一度再进江陵，不久终于战死。

桓氏灭亡了。晋朝也变成刘裕的天下。公元 420 年，刘裕强迫司马德文禅让，自立为帝，国号为宋。

门阀政治的尾声

刘裕、孙恩都是门阀政治的掘墓人。刘裕出身寒微，孙恩是低级士族。孙恩起兵摧毁了门阀士族在三吴统治的盘根错节的基础，扫荡了一些最具影响的侨姓士族，所以刘裕以后的活动，包括建立刘宋在内，没有遇到来自三吴的侨姓门阀士族的很大反抗。因此，孙恩和刘裕二人，就其客观作用说来，都是门阀政治的“掘墓人”，孙恩还是刘裕的先行者。当刘裕得势，独揽朝政，把门阀士族摆在一边的时候，卢循、徐道覆向建康进攻的行动，只能认为是次等士族内部不同派别之间的生死竞逐。刘裕有北府资实，又有复晋的功勋；还有为东晋平寇乱的口实，师出有名。

次等士族反对门阀士族垄断政权、门阀政治，在东晋末年是遍及全国的事，上游荆州政局的纷坛变化，也反映了这种总的形势。隆安以来在上游活动的势力：殷仲堪与桓玄都是门阀士族，而杨佺期却是次等士族。杨佺期由北南来，居襄阳边地，以武力自固，似刘牢之。杨佺期出北土华胄，以晚渡不得预于东晋门阀政治行列，又似卢循。殷、桓由于处在不被中枢信任的地位，所以暂时与杨佺期结成联盟，借重杨佺期的兵力，反对当权的司马道子，这与王恭、刘牢之之间暂时结盟的关系大体一样。杨佺期与殷、桓之间，毕竟存在具有时代意义的矛盾。杨佺期受门阀士族排斥，慷慨切齿，欲因事际以逞其志，逐步发展为一支独立于门阀政治的势力。这种情况，与下游的刘牢之、刘裕一样，与孙泰、孙恩也很相似。不同的是，上游的斗争没有宗教势力介入，杨佺期以外还没有其他的次等士族势力的代表存在，情况比较简单。下游毕竟是全国重心所在，矛盾更为复杂，其变化又制约着上游局势。上游次等士族代表杨佺期的势力虽然被门阀士族桓玄并吞，但是桓玄终于又被下游次等士族代表刘裕消灭。历史趋势如此，胜利者终究是次等士族。上游的变化，不过是全局变化的一个回流、一个片段、一个侧面。

回顾晋末历史，事端迭起，矛盾交织。各种矛盾在局势的演化中都起了自己应起的作用。各种矛盾的发展都受这个时代的主要矛盾的制约，都在促进次等士族夺取门阀士族的统治权力，从而完成孝武帝开始的重振皇权的过程。“晋祚尽昌明”，而继立的宋祚却执行着司马

昌明的遗嘱；其中被扬弃的，是以“王与马共天下”为开端的门阀政治。这是一个历史的辩证过程。

门阀士族让出了统治权力。他们虽然在政治上、军事上失败了，但是在社会、文化上，还有相当大的潜力和影响。次等士族胜利了，用军事力量巩固了自己的统治地位，但还要把门阀士族供奉在庙堂之上，以为自己张目。刘毅聚结门阀士族与刘裕对抗，门阀士族谢混党附刘毅，均被刘裕处死。这就是说，政治军事权力全入次等士族刘裕之手。但据《晋书》记载，刘裕受禅，以不得谢混奉玺绂为憾。刘裕本人也渐染士族习俗，以风雅为高，士族有时还是可以装点门面的。

不过，次等士族的势力业已转化为皇权，中枢和藩镇总是控制在皇室之手，门阀士族人物虽然还可能兴风浪于一时，形成政局的暂时反复，但是严格意义的门阀政治是一去不返了。

在皇权政治之下，南朝的道教传播依然如旧，但道术活动受到控制。杜氏家族后人或仕或隐，以传杜氏道术聚众起兵的事，也不再出现了。

东晋和南朝，历来都被认为是门阀政治的时代。实际上，真正的严格意义的门阀政治只存在于东晋，不存在于南朝。东晋门阀政治以皇权政治的变态出现。刘宋以后，皇权政治基本上恢复了常态。在东晋门阀政治之下，必须维持几个最强有力的门户之间的利益平衡，还要保留司马氏的皇位。各个强大门阀士族之间，彼此起着制约作用，所以当权士族多少有所顾忌，而东晋政权也得以维持至百年之久。南朝排斥了门阀政治，恢复了皇权政治，但皇权政治的基础和格局并不能一次巩固下来，政权反而失去了稳定的因素，不断发生皇族内战和易姓换代纠纷。宋、齐两代，皇帝与诸王争斗频繁，几无宁日，政局如走马灯。相比之下，东晋朝廷的砍杀并不多见。这或许可以视为门阀政治曾经发挥过一些积极作用的证据。

严格意义的门阀政治不存在了，门阀士族还在，而且还颇为顽强。但是他们毕竟已经越过了权势的顶峰而走向衰落了。他们无法以凌驾于皇帝的赫赫权势来证明自己的存在，只好摆出傲慢、排他的姿态，以显示其家族仍具有居官从政的特权和独特的社会地位。惟其如此，他们钻营富贵而又贱视富贵、依附王侯而又傲视王侯，才不能不矫揉造作，故作矜持。

不过，门阀制度真正衰亡，是在唐代中期。唐朝初年，国内还有显赫的“五姓”，如太原王氏、清河崔氏、范阳卢氏、荥阳郑氏、赵郡李氏。武则天出身一般，所以她掌权后，狠狠地打击豪门大姓，重用庶族官僚，尤其是大兴科举，通过考试选拔人才而不是通过门第，这是中国的一大变革。从此，门阀制度才真正地消亡了。此后的封建王朝，只有皇帝一家是贵族，再也没有世袭罔替的蓝血贵族了，皇权专制得到空前的加强。

当然，中国人至今还重视祖籍、地望，供奉祖宗，排列家谱，对本姓涌现出的优秀人物感到无上光荣，并教导子孙以之为榜样，以增强家族的凝聚力，这是一种悠久的传统。从某种意义上说，珍视家族，安土重迁，才是中国人的图腾。

相关阅读

谢安、桓温、慕容垂作为对历史有重大影响的人物，其生平值得深入解读。

晋书·谢安传

谢安，字安石，为谢尚的堂弟。其父谢裒，官至太常卿。谢安四岁时，谯郡桓彝见之惊叹说：“此儿风神秀丽清朗，将来不会比王东海（王导）差。”童年的谢安神态沉着，思维敏捷，风度条畅，善于行书。少年时拜访王濛，与王濛清谈多时，离去后，王濛之子王修说：“刚才谈话的客人是什么样的大人物？”王濛说：“此客勤勉不倦，日后定将咄咄逼人。”王导也十分器重他。因此，谢安年少就负盛名。

最初受司徒府的征召，拜官为佐著作郎，谢安以疾病在身推辞不就。寄居会稽，与王羲之及高阳的许询、僧人支遁交游相处，出门便捕鱼打猎，回屋就吟诗作文，无入世之心。扬州刺史庾冰因为谢安有盛名，因而志在必得，多次下郡县督促他应召，谢安不得已应召前往，一个多月后又告退而归；又任命他为尚书郎，谢安一概推辞不就。吏部尚书范汪举荐谢安为吏部郎，谢安写信拒绝。有司上书朝廷，奏明谢安被朝廷征召，历年不应，自己禁锢终身，放浪于东部名胜之地。谢安曾去临安山中，坐在石洞里，面对深谷，悠然叹道：“此般情致与伯夷有何两样！”

他曾与孙绰等人泛舟大海，风起浪涌，众人十分惊恐，谢安却吟啸自若。船夫因为谢安高兴，照旧驾船漫游。风浪转大，谢安慢慢说：

“如此大风我们将如何返回呢?”船夫听从吩咐立即驾船返航。众人无不钦佩谢安宽宏镇定的气度。谢安虽然纵情于山水，但每次游赏，总是携带妓女同行。谢安已多次不应征召，简文帝做宰相时，说：“谢安石既然能与人同乐，也必定能与人同忧，再征召他，他肯定会应召。”其时，谢安弟谢万为西中郎将，担负守边的重任。谢安虽然隐遁山林，但其名声仍超过谢万，有公卿大臣的声望，平素家居常用礼节规范来教导子弟。谢安的妻子看见谢家各门都拥有高官厚禄，而独有谢安隐退山林，于是对谢安说：“丈夫不想富贵吗?”谢安掩鼻说：“恐怕难免。”及至谢万被罢职，谢安才开始有做官的志趣，其时已到四十多岁了。

征西大将军桓温请谢安做他的司马，谢安从新亭出发，朝廷百官都为他送行，中丞高嵩开玩笑说：“足下屡次违背朝廷旨意，高卧东山，百官常常议论说，谢安石不肯出山做官，将怎样面对江东百姓?!而今江东百姓将怎样面对出山做官的谢安石呢!”谢安深有愧色。到了桓温的府第，桓温十分高兴，二人畅谈生平经历，欢笑终日。离开后，桓温对左右说：“你们是否见过我有这样的客人?”后来，桓温去谢安的住处，正碰上谢安整理头发。谢安性情迟缓，许久才理罢，使侍从取头巾。桓温出来制止道：“让司马戴好帽子再相见。”如此器重谢安。

正当桓温准备北征时，谢万病逝，谢安投书请求奔丧；不久拜官为吴兴太守，当时在职任上声誉平常，离开后为大家所思念；不久被任命为侍中，又升为吏部尚书、中护军。

简文帝病重，桓温上书举荐谢安接受遗诏。简文帝驾崩，桓温入

京奔丧，至新亭停止，派重兵把守关口，准备趁机推翻东晋，召见谢安及王坦之，计划在会见时谋害他们。王坦之十分恐惧，问谢安怎么办。谢安神色不变，说："晋室存亡，在此一行。"见到桓温，王坦之惊慌得汗流浃背，以致握倒了手版。谢安从容就座，坐定后，对桓温说："谢安听说有道的诸侯，谨守四方，明公何必要壁后藏人图谋不轨呢?"桓温笑道："不得不如此啊。"于是谈笑多时。王坦之当初与谢安齐名，至此方知王坦之的低劣。桓温曾拿谢安写给简文帝的谥议给在座宾客看，说："这是谢安石小的杰作。"

其时孝武帝正年轻，不能掌握实权，桓温威震内外，人情纷杂，各怀异心。谢安与王坦之尽忠辅助，终使朝廷大体平静无事。桓温病重时，暗示朝廷对他加九锡，使袁宏起草奏表。谢安见后，动手修改原稿，十多天还未改好，等桓温一死，加九锡之事因此告吹。

不久，谢安升任尚书仆射，总领吏部，加封后将军。中书令王坦之出任徐州刺史，诏令谢安统管中书省。谢安心存仁义，辅助东晋，劝导百官，即使会稽王司马道子也依赖于谢安的辅助调和。其时强敌侵犯边境，边境告急文书频频传来，梁州、益州、襄阳、邓州先后失陷。谢安面对危机，镇定自若，做长久打算，以宽仁安定内外。广行德政，文武百官同心同德，不计较小过失，专心大事，恩威流布广远，人人都把他比作王导，并认为文雅超过王导。谢安曾与王羲之同登冶城，悠然遐想，有超乎世俗的志趣。王羲之说："夏禹勤于政事，手足磨出老茧；文王管理国家，连吃饭都无暇顾及，如今朝廷边境战事频繁，执政者应思考效忠国家，空谈浮华会荒废大事，恐非当今执政者所应有。"谢安说："秦朝任用变法务实的商鞅，只延续两代就败亡了，这难道也是空谈浮华带来的祸患吗?”

其时，京师宫殿毁坏，谢安打算整修宫殿。尚书令王彪之等大臣以敌寇入侵谏阻谢安，谢安不听，独自决定修宫。宫室设计，皆依照天象，合符北极星的方位，而役夫又无怨恨。谢安又兼任扬州刺史，诏令谢安可带披甲执杖的卫士一百人进入宫殿。其时，孝武帝开始亲理朝政，晋升谢安为中书监、骠骑将军、录尚书事，谢安坚决辞让军中头衔。其时天象失常，大旱连年，谢安上书主张复兴衰败灭亡的诸侯和贵族世家，寻找晋初功臣的后代而加以封赏。不久，朝廷加封谢安为司徒，他所统辖的后军文武官员都配上高级府第，谢安又辞让不受封。朝廷又加封谢安为侍中、都督扬、豫、徐、兖、青五州及幽州的燕国诸军事、假节。

其时，前秦苻坚强大，边境多战事，东晋众将接连败退。谢安派弟谢石及侄儿谢玄等出兵伺机征讨，连战连捷；拜为卫将军、开府仪同三司，封建昌县公。后苻坚率领大军，号称百万，开进淮河、淝水，东晋京师震恐。朝廷加封谢安为征讨大都督。谢玄向谢安问应敌之计，谢安神情泰然，毫无惧色，回答道：“朝廷已另有主意。”过后默默不语。谢玄不敢再问，便派张玄再去请示。谢安驾车去山中别墅，亲朋好友聚集在周围，然后才与谢玄坐下来下围棋赌别墅。谢安平常棋艺不及谢玄，这一天谢玄心慌，做谢安的敌手却败给了谢安。谢安回头对外甥羊昙说：“别墅给你啦。”说罢便登山游玩，到晚上才返回，部署将帅，面授机宜。谢玄等人已大败苻坚，喜信送到谢安手里，谢安正与客人下围棋，看罢信便丢在床上，全无喜色，下棋如故。客人询问，才慢慢答道：“小儿辈已打败敌寇。”下完棋回内室，内心抑制不

住激动，过门槛时猛地折断了屐齿。谢安在人前竟能如此镇定自若掩饰真情；因统率作战有功，晋封太保。

谢安想进一步统一天下，上书请求率兵北征，孝武帝诏令谢安都督扬、江、荆、司、豫、徐、兖、青、冀、幽、并、宁、益、雍、梁十五州军事，持黄钺，其余官职照旧，设置从事中郎二人。谢安上书辞让太保之职及爵位，朝廷不许。其时桓冲已去世，荆、江二州都空缺刺史，舆论认为谢玄有大功，声望高，应授予二州统领之职。谢安担心父子名位太高，将为朝廷所猜忌，又担心桓氏失去荆、江二州的职权会不服，桓石虔又有沔阳的战功，考虑到桓石虔骁猛善战，据有险胜之地，终难控制，于是任命桓石民为荆州刺史，改桓伊镇守江州，桓石虔镇守豫州，使三桓统辖三州，彼此无怨言，各得其所。谢安执政，从长远考虑，使部属之间无争无斗，大抵都是这样。

谢安喜欢音乐，自从其弟谢万死后，十年间不听音乐。及至他位居台辅，亲人丧期也从不停止音乐。王坦之写信劝谕他，他不予理睬，衣冠士族多仿效他，以致成为习俗。他在土山上营造别墅，楼馆宏伟，林竹茂盛，常常携带内外子侄往来别墅游赏聚集，所设酒席动辄耗费百金，人们为此对谢安大加指责，而谢安对此不屑一顾。常常怀疑刘牢之不能单独任用，又认为王味之不适合做地方长官。后来刘牢之以作乱为终结，王味之以贪污遭败，人们因此佩服谢安的知人善任。

其时，孝武帝之弟会稽王司马道子专权，而奸诈谄佞小人趁机煽风点火捏造罪名陷害忠良，谢安被迫出京镇守广陵之步丘，建筑新城避祸。孝武帝在西池为谢安设筵饯行，并敬酒赋诗。谢安虽受朝廷嘱托，但隐居东山的志趣始终未消失，每每露于形色。及至出镇新城，携带全家前往，制造泛海的船只和装备，打算等到天下大体安定后，从水道回东山。高雅的志愿还未实现，就遭重病缠身。他上书朝廷请求估量时局停止进军，并召子征虏将军谢琰解甲息兵，命龙骧将军朱序进据洛阳，前锋都督谢玄与彭城、沛县之敌对峙，委任谢玄为督察。如果二城守敌凭借地形顽抗，待来年涨水，东西夹攻。孝武帝诏令侍中赴新城慰劳谢安，于是谢安返回京城。听说车驾已进入西州门，自以为壮志不成，功业未就，因而感慨万分，对所亲近的人怅然道："从前桓温执政时，我常常担心不能保全自身。忽然有一天梦见自己乘坐桓温的车驾走了十六里地，看见一只白鸡后停了下来。乘坐桓温的车驾，预兆将代替他执掌朝政。十六里，从我执政到今天刚好十六年了。白鸡属酉，如今太岁星在酉，是凶兆，我这一病大概再也起不来了！"于是上书辞职，孝武帝派侍中、尚书晓谕朝廷旨意。此前，谢安从石头出发，金鼓忽然破碎，又加上谢安说话从不出差错，这一天忽然出现谬误，众人觉得十分奇怪。不久谢安逝世，终年六十六。孝武帝在朝殿里哭吊三天，赐棺木、朝服一具，衣一套，钱百万，布千匹，蜡五百斤，追赠太傅，谥号曰文靖。因无陵苑，诏令在府中备办丧事仪式。到安葬时，举行隆重的礼仪，一切依照先前大司马桓温的标准。又因为打败前秦苻坚的功勋，加封庐陵郡公。

谢安少负盛名，时人十分敬爱他。有位同乡在中宿县做官，被罢职回乡后，去看望谢安。谢安问他回乡带回了多少积蓄，同乡答道："有五万把蒲葵扇。"谢安便拿了其中的一把握在手里，京城士大夫与平民百姓争着购买这种蒲葵扇，以致扇价增了数倍。谢安原本会朗诵诗文，因为有鼻病，所以声音低沉粗重，名流雅士们喜欢学他吟诵却

达不到他的效果，于是有些人便用手捏住鼻子模仿他吟诗。谢安镇守新城，在城北建了一座土坝，后人怀念他，便将这土坝命名为召伯埭。

羊昙，太山人，是知名人士，为谢安所器重和喜爱。谢安去世后，羊昙长年不听音乐，外出不走西州路。曾经在石头城想起了谢安，心中难受而喝得大醉，沿着路径行走，一边不停地吟唱，不觉到了西州门。左右告诉他："这是西州门。"羊昙悲伤感慨不已，以马鞭扣门，吟诵曹子建的诗云："生存华屋处，零落归山丘。"恸哭而去。

谢安有二子：谢瑶和谢琰。谢瑶继承封爵，官至琅琊王，早死。子谢该继嗣，死时为东阳太守。谢该无子，其弟光禄勋谢模将儿子谢承伯过继给谢该，继承封爵，因犯罪免官。

刘裕因谢安功德盖世，特封谢该之弟谢澹为柴桑侯，食邑千户，负责谢安的祭祀。谢澹年少就身居显赫职位。桓玄篡夺东晋皇位后，让谢澹兼太尉之职，与王谧一起带着文册到姑孰宣达旨意。元熙年间（419—420 年），谢澹为光禄大夫，又兼任太保，持节奉册禅祀刘宋。

晋书·桓温传

桓温，字元子，是宣城太守桓彝的儿子。未满周岁时太原人温峤见了他说："此儿骨骼不凡，请再让他哭一下。"等到听了他的哭声，又说："真是英才降世！"桓彝因为此儿为温峤所赏识，所以给他取名叫温。温峤笑着说："果然如此，将来也要改作和我一姓。"桓彝被韩晃害死，泾县县令江播参与了此事。当时桓温十五岁，头枕戈矛，眼流血泪，立志报仇。到十八岁，碰上江播已死，他的儿子江彪兄弟三人居丧，把刀放进手杖，用来防备桓温。桓温谎称吊丧客人，得以进入，在守墓的庐屋里杀了江彪，然后又追杀了他的两个弟弟。时人为之称叹。

桓温为人豪迈爽朗，有雄风高节，姿貌奇伟，脸上有七颗星印。年少时同沛国刘惔友善，刘惔曾称赞他说："桓温眼睛像紫石棱，须发如刺猬毛，是仅次于孙仲谋、晋宣王一类的人物。"被选为南康长公主的夫婿，拜为驸马都尉，袭万宁男爵位，授琅琊太守，屡迁至徐州刺史。

桓温同庾翼友善，经常在一起相约要安定天下，匡国济民。庾翼曾经对晋明帝推荐说："桓温从小就有雄才大略，希望陛下不要把他当作平常人看待，也不要当作平常的女婿，应当像周宣王对方叔、召伯那样，委以复兴重任，让他弘扬大道、匡济时局，完成艰难事业。"庾翼死后，明帝便提拔桓温为都督荆梁四州诸军事、安西将军、荆州刺史、领护南蛮校尉、假节。

当时蜀主李势已经衰微，桓温立志灭蜀建立功勋。永和二年（346年），率军西征。当时康献太后临朝听政，桓温准备完毕后，呈上奏疏就出发了。朝廷因为蜀地险远，而桓温的兵马又少，加之深入敌境，都很担忧。从前，诸葛亮在鱼腹平沙上造有八阵图，把石头垒成八行，每行之间距离二丈。桓温看见后，说："这是常山蛇的形状。"军中文

武百官全都认不出来。等到大军驻扎彭模后，便命参军周楚、孙盛守辎重，自己带领步兵直逼成都。李势派叔父李福和从兄李权等进攻彭模，周楚等人抵御他们，李福败退逃走。桓温再次进攻李权，三战三捷，贼众溃散，从小路逃回成都。李势于是全军出动同桓温在笮桥决战，参军龚护战死，军心恐惧，打算后退，可是鼓吏却把撤退鼓敲成了进攻鼓，于是又进攻，李势全军大败。桓温乘胜追击，火烧了小城，李势连夜后退九十里，到了晋寿葭萌城。李势的部将邓嵩、昝坚劝他投降，于是李势就双手反绑，抬着棺材前来投降请罪。桓温在蜀地停留一月，推举贤才，奖励善行，伪尚书仆射王誓、中书监王瑜、镇东将军邓定、散骑常侍常璩等，都是蜀地的良才，一起任命他们为参军，百姓都心悦诚服。大军还未撤回，王誓、邓定、隗文等又反叛，桓温又讨伐平定了他们。整军旅回到江陵，晋升为征西大将军、开府，封为临贺郡公。

石季龙死后，桓温想率军北征，首先上书提请朝廷讨论水路、陆路谁更适宜，很久没有回音。桓温当时已知道朝廷倚仗着殷浩等人与自己抗衡，他很气愤，但素来又与殷浩相知，所以并不害怕他们。因为国家没有其他祸乱，他们之间才僵持了一年多，虽然有君臣之礼，实际上也只不过是相互敷衍羁绊而已，八州士众财物赋税，几乎不为朝廷所用。桓温申明要北伐，上表刚奏朝廷，大军就出发了。顺流而下，进到武昌，军队有四五万之多。殷浩担心被桓温废除，准备谋划回避，却又想打着驺虞幡让桓温停止进军。一时间朝廷内外议论纷纷，人情震惊。简文帝当时做抚军，写信给桓温申明社稷大计，解释互相怀疑的原因，桓温当即回军还镇，向皇帝上书说："我近期亲自率领所统辖的部队，想北上扫平赵魏，军队到达武昌，得到了抚军大将军、会稽王司马昱的书信，说是目前社会上是非纷纭，疑惑丛生，信中谈到形势危急，令人忧及社稷的安危。静心思索，让人惊愕不已，不解怀疑产生的原因，孤独无助，如沉深渊。我以鲁钝之材，肩负重任，虽然无与此相称的才能，但职责是平定祸乱。如今，国耻未雪，寇仇未灭，幸好遇上开明泰世，敌人又有机可乘，就是有志匹夫，尚且心怀愤慨，我又如何忍心而坐观国家的祸败呢?！所以，挥戈奔驰，不敢安歇，先后上表陈情，到今天已一年多了。坦荡忠诚，公私可察，哪里又有丝毫差错，竟招来如此猜忌？这不正是奸佞之徒心怀恐惧、搬弄是非、惑乱朝政的伎俩吗？

“从前乐毅竭诚事燕，结果垂涕出奔；霍光尽忠于汉，结果受上官桀的诬告。谄言诋毁高行，奸邪败坏美德，这是历代关系社稷存亡的祸患。如今天子年轻，太后陛下以圣明贤淑之德，谦恭任贤，将国家大事托付给群臣，朝中群贤毕集，德信布于远方。再说，我家世代蒙受殊恩，服侍三朝，既不是来自异邦的客卿，又不像韩信、彭越有称王裂土的野心，可是，离间谗毁我们的流言却流布人口，传遍四方，这就是古代圣贤蒙冤悲叹于从前、而我也忧惧于眼前的原因。如今寇贼冰消云散，大事接近完成，晋朝的北方遗民正鹄立南望，效忠王室的人都慷慨奔赴道路，元凶的末日近在旦夕，而一些人横加指责，无中生有，罗织罪名，使行将灭亡的贼寇得以苏生喘息，这是最让人痛心疾首、悲伤感叹的。我虽然心中所想的只有公众，所尽忠的是国家，可是外敌还未消灭，内弊却接连产生，这便是我原本想致力国家、有所抱负的真正原因。”

朝廷升他做太尉，执意推让不受。

当时殷浩到洛阳修复皇室陵园，时过数年，屡战屡败，器械都耗费殆尽。桓温又进督司州，借着朝野怨情，奏请废除殷浩。从此，内外大权集于桓温一身。桓温于是统领步兵骑兵四万，从江陵出发，水军从襄阳进入均口，到南乡，步行到淅川，再向关中征讨，命令梁州刺史司马勋从子午道出兵。另一支军队进攻上洛，俘获了苻健、荆州刺史郭敬，又攻破了青泥。苻健派儿子苻生、兄弟苻雄率属下数万人，屯兵，柳、愁思土追抵抗桓温，不久就发生大战，苻生亲自冲锋陷阵，杀死桓温部将应诞、刘泓，士卒死伤数千。桓温军奋力作战，苻生军才溃败。苻雄又同将军桓冲在白鹿原交战，又被桓冲打败。苻雄于是奔袭司马勋，司马勋退驻女娲堡。桓温进军到霸上，苻雄率五千人挖深沟自卫。当地居民都安居如常不停作业，拿着牛肉和酒在大路上迎接桓温的十有八九，年迈的老人感动得流着热泪说：“没料到今日又见到了官军!”起初，桓温想依靠麦子成熟，取来作为军粮，可苻健割除麦苗，实行清野，军粮没有着落，便带着三千多名百姓撤回。明帝派侍中黄门在襄阳慰劳了大军。

起初，桓温以为自己的雄姿气概和宣帝、刘琨属于一类，有人拿他同王敦相比，他很是愤愤不平。等到这次北征回来，在北方寻到了一个手脚灵巧的老婢女，走访她，说是刘琨的婢女，一见到桓温，便潸然流泪。桓温问她缘故，回答说：“主公很像刘司空。”桓温大喜。到外面整理衣冠后，又叫来老婢女问，老婢女说：“脸很像，可惜太薄；眼睛很像，可惜太小；胡须很像，可惜太红；形体很像，可惜太短；声音很像，可惜太柔弱。”桓温于是取帽解带，酣然昏睡，不高兴了好几天。

母亲孔氏去世后，桓温上书请求解除官职，想到宛陵送葬，诏令不准。朝廷赠他母亲为临贺太夫人印绶，谥号敬，并派侍中吊祭，让谒者监护丧事，不到一月时间，使者到达八次，华丽的官车在路上前后相望。桓温葬罢母亲后开始视事，想修复园陵，移都到洛阳，奏表上了十余次，朝廷不许。晋升桓温为征讨大将军，都督司、冀二州诸军事，专门负责征讨事宜。

桓温派督护高武占据鲁阳，辅国将军戴施屯兵黄河上，率领水军逼近洛阳许昌，认为谯梁水道已通，请徐、豫二州兵马顺着淮水、泗水进入黄河。桓温从江陵北伐，行经金城，看见自己年轻时栽种的柳树都已十围了，感叹地说："树犹如此，人何以堪！"手握枝条，泪流满面。于是渡过淮河、泗水，踏入北方境内。同诸僚属登上平乘楼，放眼远眺中原，感慨地说："致使神州沦陷，百年间变成废墟，王夷甫等人不能不负责任！"袁宏说："天运有兴有废，哪里就是诸人的过失！"桓温变色动容对四座说："听说刘景升（刘表）有条千斤重的大牛，咀嚼豆子多于常牛十倍，可负重行远，却不如一条瘦牛，魏武帝进入荆州后，把它杀了犒劳军士。"话的意思是以大牛比况袁宏的，座中诸人听了都大惊失色。

大军驻扎伊水，姚襄在伊水北屯兵，据水而战。桓温让军队结队向前，亲自披甲，督促其弟桓冲和诸将奋勇进击，姚襄大败，自相残杀，死者数千人，越过北芒向西逃走，没被追上，这才得以逃奔到平阳。桓温大军驻扎在过去的太极殿前，不久又转移到金墉城，并拜祭了诸先帝陵墓，修复了被毁坏的陵墓，同时设置了陵园令。随即班师

回朝，带着降贼周城，并把归附的三千户人家安置在长江汉水之间。派遣西阳太守从黄城出击，讨伐蛮贼文庐等部，又派遣江夏相刘岵、义阳太守胡骥讨伐妖贼李弘，都大获全胜，把敌贼的首级传到了京都。桓温回师之后，司、豫、青、兖各州又陷入敌手。升平年间（357—362 年），改封为南郡公，降临贺郡公为县公，把临贺郡公封给次子桓济。

隆和初年（362 年），敌寇进逼河南，太守戴施出奔，冠军将军陈佑告急，桓温派竟陵太守邓遐率三千人援助陈佑，并想还都洛阳，向皇帝上书请求，朝廷诏令说："从前的丧乱，恍惚间已经历了六十余年，如今戎狄蛮族继续肆意施暴，眷恋西望，满怀悲叹！得知你想亲率三军扫荡敌寇，收回中原，光复旧京，假若不是舍身忘我报国，谁能这样做呢?！各方面的指挥谋划，一并托付给你了。只是北方一处荒芜破败，处处都得辛苦经营，尤其在开始时，更是举步维艰，这都是值得忧虑的。"于是改授桓温都督司、并、冀三州，因为交州、广州辽远，撤销了都督，桓温上表推辞。朝廷又加封他侍中、大司马、都督中外诸军事和假黄钺。

桓温以已经都督朝廷内外，不宜远出为理由，又上书陈请应该立即执行的七件事：其一，当前朋党兴盛、私议沸腾，应该杜绝抑制浮言谗语，铲除它得以滋生的土壤；其二，人口稀少，赶不上汉朝的一郡，应该并官减职，使官吏长期稳定；其三，国家的行政机制不能停止和废除，常务文书案件的落实，要限制时日；其四，应该明确长幼之礼，奖励忠实、公正的官吏；其五，褒奖惩罚，应该和事实相称；其六，应该继承遵守古制，弘扬学业；其七，应该选拔设置官吏，编纂。有司都一一奏报并分头施行。不久，又加封温桓羽葆鼓吹，并替他设置左右长史、司马、从事中郎四人。他接受了羽葆鼓吹，其余的都推辞了。不久，他又率水军进驻合肥。朝中又加封他扬州牧、录尚书事，派侍中颜旄去宣读圣旨，召他回京参与政事。桓温上书陈说，以四方未定为理由，不愿回京，请求容他在外镇守，积储力量，待机北伐，成就光复大事（疏文略）。朝廷诏令不许，并再次征召他。桓温到了赭圻，朝廷下诏让尚书车灌制止他，桓温于是驻军赭圻，执意推让朝廷任职，遥领扬州牧。时值鲜卑进攻洛阳，当时简文帝辅政，到洌州同桓温相会，商议征讨事宜，桓温移兵镇守姑孰。碰上哀帝驾崩，事情便不了了之。

桓温生性俭朴，每顿只吃七枚干茶果而已。可是却凭恃雄豪在朝廷专权，窥伺皇位，有非分之想。有一次他躺着对亲信说："这样寂寞无为，将被文帝司马昭、景帝司马师所笑。"众人都不敢对答。一会儿又抚着枕头坐起来说："既然不能流芳后世，难道就不能遗臭万年吗?"一次经过王敦的墓边，他望着墓说："真是能干的人！真是能干的人!"他的心迹就是这样。

当时有个远道而来的比丘尼，传说很有道术，她在另外的房间洗澡，桓温偷看她。只见比丘尼全身赤裸，先用刀剖腹，再砍断双脚。洗罢出来，桓温向她问吉凶，比丘尼说："主公如果作天子，也像刚看到的一样。"

太和四年（370 年），又上书请求举国北伐。平北将军郗愔因为疾病免官，又派桓温以平北将军、徐兖二州刺史的身份，率领兄弟南中郎桓冲、西中郎袁真和步兵、骑兵五万人，再次北伐。文武百官都到

南州饯行，京师倾城而出。北伐大军进驻湖陆，进攻并活捉了慕容暐的部将慕容忠，再进驻到金乡。当时天大旱，水道不通，就在钜野开凿三百余里的水道来通船运输，船程从清水通到黄河。慕容暐的部将慕容垂、傅末波等率军八万抵抗桓温，在林渚大战。桓温打败了他们，随之到达枋头；先派袁真讨伐谯、梁，并开通石门来通船运输。袁真讨伐谯、梁都成功了，但不能开通石门，于是军粮竭尽。桓温烧船徒步撤退，从东燕出仓垣，经过陈留，途中凿井而饮，行军七百余里。慕容垂带八千骑兵追击，在襄邑大战，桓温军被打败，战死三万余人。桓温深以为耻，归罪于袁真，并上表废袁真为庶人。袁真怨恨桓温诬陷自己，便占据寿阳以求自保，并暗地里与苻坚、慕容暐勾结。

简文帝派侍中罗含在山阳拿牛肉和酒犒劳桓温将士，派会稽王司马昱在涂中与桓温相会，下诏封桓温世子给事桓熙为征虏将军、豫州刺史、假节。南康公主死时，又下诏赠布千匹、钱百万，桓温推谢不受。桓温又陈请让桓熙停官三年，而且桓熙年少不宜使他任副职，朝廷下诏不许。征调扬州人筑广陵城，然后移镇广陵。当时，桓温大兴徭役为时已久，加之疾疫流行，死人几乎过半，百姓怨叹不已。袁真病死，部将朱辅拥立他的儿子袁瑾袭位。慕容暐、苻坚都派军支援袁瑾，桓温派督护竺瑶、矫阳之等联合水军，一齐迎击他们。当时，慕容暐的援军已到，竺瑶等在武丘同他接战，打败了援军。桓温率二万人又从广陵到达，袁瑾环城固守，桓温筑长围墙实施包围。苻坚便派部将王鉴、张蚝等率军来援救，屯兵在洛涧，先派出五千精锐骑兵驻军在淝水北岸。桓温派兄弟桓伊以及弟子石虔等迎击，大败王鉴等，袁瑾部队也随之崩溃。桓温活捉了袁瑾和他宗族数十人以及朱辅，一起送往京师斩首，袁瑾所侍养的数百流民全被活埋，并把他的妻子儿女赏给了将士。桓温因为有战功，诏令加班剑十人。在路旁驻地犒劳三军，文武官员论功行赏，各有差别。

桓温自负才力超群，早就心怀不轨，企图先在北方立功，归来后再受九锡之赏。不料遭受挫折，名声实力陡然大减，于是参军郗超进献废立之计，桓温便废掉哀帝拥立简文帝。简文帝诏令桓温依诸葛亮的例子，带着百人仪仗队入殿，赏钱五千万、绢两万匹、布十万匹。桓温大肆废除、改调朝官，杀了庾倩、殷涓、曹秀等。当时，桓温威势显赫，侍中谢安见了老远就拜揖。桓温吃惊地说："安石，你何苦这样?"谢安说："从来没有君拜于前，臣拜于后的。"当时桓温生有脚疾，简文帝诏令乘车上朝，见面之后，想陈述自己进行废立的本意，简文帝泪流满面，桓温惊恐得没说成一句话就出来了。

起初，元、明二帝时期，郭璞预言说："国君不是没有后代，而是兄弟禅位。"说是成帝有儿子，却将把皇位传给弟弟。又说："有人姓李，儿专征战。譬如车轴，脱在一面。""儿"者，"子"也；"李"字去掉"子"便是"木"字；"车"字去轴便是"亘"字，这两个字相合就是"桓"字。又说："尔来，尔来，河内大县。""尔来"说是自尔以来为元始之意，桓温的字便是元子；"河内大县"是指"温"。成、康二帝驾崩之后，桓姓势力开始扩大，所以连作两次预言。又说："赖子之薨，延我国祚。痛子之损，皇运其暮。"这里的二子，指的便是元子、司马道子。桓温志在篡位，大事未成就死了，这是国家的幸运。会稽王司马道子虽然是首先扰乱晋国，但是他的死是晋国衰亡的根由之一，所以说让人哀痛。

桓温又回到白石，上书请求归姑孰。诏令说："天地结合，生成万物；二人同心，便无需考虑各自的利益。古代圣王全仰仗忠臣辅佐，姬旦德布四方，周朝便因此兴隆；伊尹师法皇天，商朝便得到文明教化。大司马贤德圣明，光大深远，上合天意，才华横溢，肩负国家重任，忠心辅助我一人，功德超过霍光，道德永存后世。现在晋封你做丞相，保留原大司马一职，请你留在京都，镇守社稷。"

桓温决意推辞，仍然请求回归姑孰。简文帝又派侍中王坦之征召桓温入朝为相，并增封邑万户，又被拒辞。下诏因西府经袁真军败事故，军用不足，拨给世子桓熙布三万匹、米六万斛，再封桓弟为给事中。

后来简文帝病重，诏令桓温说："我将不久于人世，足下速来，希望能够相见。快来，快来！"于是一天一夜，连发四道诏书。

桓温上书说："圣上身体不和，已经有多日了，我得知以后诚惶诚恐，无所寄托衷情。生死盛衰是人生常理，提前防备才不会产生贻害，因此，汉高祖卧床后，吕后便前去探问谁可作相，孝武帝病重，霍光便去询问谁可继位。不顾伤心呜咽去询问身后大事，这是不顾小节、心存大局的表现。现在皇子幼稚，可是朝贤们赏识赞叹的只是谢安、王坦之，他们的才识智能也都为圣上赏识。内辅幼君，外御强寇，这是当前面临的严峻的问题，也是群臣所忧惧的，然而事情也只能这样。陛下应该明确授意，让群臣知道自己寄望何人，这样，谢安等人就会奉命竭力效忠，于公于私都有好处，至于老臣桓温，身兼大将军和宰相，更蒙受圣上垂恩，但老迈疾病，怕也不会长久，值不得您托以重任。"

疏表还未等到奏上，简文帝便驾崩了，遗诏把家事、国事一并转托给桓温，依诸葛武侯、王丞相辅佐幼主的旧制。

桓温起初希望简文帝临终把帝位禅让给自己，不日就能像周公旦一样临朝摄政。事情不符合他的愿望，因此很是怨愤，给兄弟桓冲写信说："遗诏只不过让我依武侯、王公辅佐幼主的旧例罢了。王、谢二家身居要位，每天让人愤愤难平。"

到孝武帝继位时，下诏说："先帝敕命说，'侍大将军如侍吾'，在下命令答表时，用语要恭敬。"又诏令说："大司马是社稷的希望所在，先帝把家事、国事托付给他，以后内外大事就由桓公决断。"又派谢安征召桓温入朝辅国，加赐前部羽葆鼓吹，带剑武士六十人，桓温执意不受。

等到桓温入朝拜祭先帝陵时，又下诏说："桓公功高望重，教诲保护朕身，因身染风寒疾病，在陵墓不必行敬拜之礼。"又命令尚书谢安等人在新亭迎接，朝中百官在大道两侧拜迎。当时已享有声望的人都恐惧失色，有人说桓温要乘此机会杀王、谢二家，因此朝廷内外恐惧。

桓温到后，带着卢悚入宫，把尚书陆始逮捕后交给廷尉，责罚他怠慢的罪过。于是，去拜祭高平陵，左右亲信发觉他神色异常，上车之后，他对随从说："先帝刚才显灵了。"却不说先帝说过什么，所以众人无人知道究竟，只见到他将要拜揖时连说"臣不敢"而已。又向左右问起殷涓的形状，回答的人说身体肥短，桓温说："刚才也看见他在先帝身边。"

起初，殷浩被桓温废除而死，殷涓很有骨气节操，再不拜访攀附

桓温，却同武陵王司马晞交游，因此引起了桓温疑心而被杀，但桓温始终不认识其人。至此，也见殷涓变成鬼祟，一惊而病。总共在京停留十四天，然后回到姑孰，随之卧病不起；暗示朝廷给自己加九锡，并多次催促。

谢安、王坦之听说他病加重了，便秘密拖延这事。九锡诏书还未写成，人已死去，终年六十二岁。皇太后和皇帝亲临朝堂三天，下诏赐九命兖冕之服，又赐一套朝服，衣一袭，还有：东园秘器，钱二百万、布二千匹、蜡五百斤，以供丧事之用。等到下葬时，又以太宰安平献王司马孚、汉大将军霍光当年的旧制，赐九旒鸾辂，黄屋左毒县，銼车京车，挽歌二部，羽葆鼓吹，带剑武士百人，又在前郡公封邑的基础上增封七千五百户，土地方圆三百里，赐钱五千万，绢两万匹，布十万匹，并追赠丞相。

起初，桓冲询问桓温拿谢安、王坦之怎么办，桓温说："你们处理不了他们。"桓温知道自己在时他们不敢乱来，杀害他们又于桓冲等人无益，同时更失民望，所以停止了谋害谢、王的事。

桓温有六个儿子：桓熙、桓济、桓歆、桓祎、桓伟、桓玄。桓熙，字伯道，初为世子，后来因为才能低下，便让叔父桓冲领导众人。等到桓温病重，桓熙与叔父桓秘阴谋杀死桓冲，桓冲知道后，将他们迁徙到长沙。桓济字仲道，与桓熙是同党，一起迁往长沙。桓歆字叔道，赐爵临贺公。桓祎最愚蠢，分不清小麦、大豆。桓伟字幼道，平厚笃实，居守藩镇时深受人民爱戴怀念；多次持节出使，督秦、益、荆、宁、梁五州诸军事，安西将军，领南蛮校尉、荆州刺史、西昌侯，赠骠骑将军、开府仪同三司。

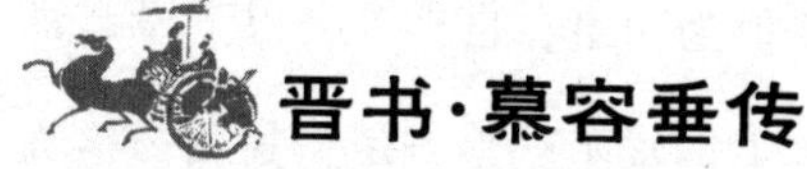

晋书·慕容垂传

慕容垂，字道明，是慕容皝的第五个儿子。他年幼时聪慧有气度，身高七尺七寸，手垂过膝。慕容皝非常宠爱他，常常看着他而对几位弟弟说："这个孩子豁达不拘小节，终究能毁家，也能兴家。"所以，起名霸，字道业。慕容皝对他的恩遇超过了世子慕容俊，慕容俊因而愤愤不平。慕容垂因消灭宇文有功，被封为都乡侯。石季龙来侵犯被打败，退兵之后，仍然有兼并的谋图，又派遣部将邓恒率领数万军队驻扎在乐安，作进攻的准备。慕容垂领兵驻扎在徒河，和邓恒相持，邓恒害怕慕容垂而不敢侵犯。慕容垂年轻时喜欢游猎，因为打猎时坠马折断了牙齿。慕容俊僭即王位以后，将慕容垂改名为慕容缺。不久，因牵涉到谶书的文字，于是去掉右偏旁，便以垂为名。

石季龙死后，赵、魏发生内乱，慕容垂对慕容俊说："到来的好时机容易失去，抓住机会要迅速行动，兼并弱小，讨伐昏乱，现在正是时候。"慕容俊因国内新遭大丧，不允许。慕舆根对慕容俊说："王子说的话，千载一时，不可失去。"慕容俊任命慕容垂为前锋都督。慕容俊攻克了幽州，准备坑杀投降的士兵，慕容垂规劝说："正义之师应吊民伐罪，是前代的常典。现刚刚平定中原，应当以恩德去安抚百

姓，坑戮的刑罚不能作为王师的先声。”慕容俊听从了他的意见。慕容俊称帝以后，封慕容垂为吴王，并调他镇守信都，以待中、右禁将军身份录留台事，广收东北之利。又任命他为征南将军，荆、兖二州牧，在梁、楚以南很有声誉。接着又升任他为司隶，自伪王公以下没有谁不因为畏惧而不敢正立。当时慕容日韦继承了伪皇帝位，封慕容恪为太宰。慕容恪非常器重慕容垂，经常对慕容日韦说：“吴王具备的将相之才，十倍于我，先帝因为按长幼的次序，将我的地位提到吴王的前面，我死了以后，希望陛下委政于吴王，可以说亲情贤良都兼顾了。”慕容垂在枋头大败桓温以后，威名大振，慕容评十分忌恨他，于是图谋杀害慕容垂。慕容垂害怕祸及自己，与世子慕容全一起逃走投奔了苻坚。

自从慕容恪死后，苻坚就暗暗存有吞并慕容日韦的想法，由于惧怕慕容垂的威名而未敢表露出来。现在听说慕容垂来投靠自己，苻坚非常高兴，亲自到郊外迎接，拉着他的手，礼仪非常隆重。苻坚的宰相王猛忌恨慕容垂的雄才大略，劝苻坚杀害慕容垂。苻坚不仅没有听从，而且任命慕容垂为冠军将军，封他为宾都侯，以华阴五百户为食邑。王猛讨伐洛阳时，让慕容全担任参军。不久，王猛派人对慕容全假传慕容垂的话说：“我已经向东准备回到故国，你可自己设计脱身。”慕容全相信了，于是就去投奔慕容暐。王猛向苻坚上奏述说慕容全叛逃的情况，慕容垂听到这个消息，非常害怕，也向东逃去，走到蓝田，被追赶的骑兵擒获。苻坚在正殿接见慕容垂，安慰劝勉他说：“卿家国失和，投奔了我，令郎志不忘本，一直怀念故乡。《尚书》不是说过吗：‘父亲是父亲，儿子是儿子，决不相互牵连。’你为何过分忧惧而像这样狼狈呢？”于是恢复了慕容垂的爵位，恩惠礼遇如当初一样。

苻坚俘虏了慕容暐，慕容垂随苻坚进入邺城，招集本族子侄，看到他们，感到非常悲哀，见到慕容暐原来的官吏，显得很不高兴。前郎中令高弼私下对慕容垂说：“大王你的资质才能著名当世，遭到无妄之祸，栖伏坎坷，也算是艰难的了啊。上天昭示良机，国运暂归于秦，这就是飞鸿渐进之始，龙将要兴云布雨的时候，希望你用仁慈去抚慰他们。况且，超乎世俗的胆略必定怀念遗留的风俗，如今恰好应当法网疏阔，以弘大蕴含养生之义，接纳旧臣的后代，以建立不世之功。为何要因一时愤怒而抛弃他们呢？我认为大王你不应该这样。”慕容垂采纳了他的意见。慕容垂在苻坚朝中，历任京兆尹，进而封泉州侯，凡是他参加的征战，都建有大功。

苻坚军败于淮南的时候，唯有慕容垂的军队没有损伤。苻坚只带领一千多人马投奔慕容垂，慕容垂的世子慕容宝对慕容垂说：“家亡国破，纲纪废弛，图谶显示的极尊贵贤达的人，应当使中兴之业更昌盛，建立像少康恢复夏朝那样的功业。但时机已来而运气未到，所以藏才不露，等待有利时机。现在苻坚被天弃绝，失去德政，众凶已土崩瓦解，可说是上天创造的好时机，都给了我们。千年难遇的时机，现在却正是时候，应顺从皇天的意旨，乘机取代他。况且建立大功业的人不顾小节，行大仁的人不念小惠。前秦既然废毁了我们的三京，窃取了帝位，仇恨和耻辱之深，没有超过这些的。希望你不要意气用事，受到点小恩惠而忘记了国家大事。吉兆已经显示出来了。”

慕容垂说：“你说的话是对的，然而他诚心诚意来投靠我，怎么

能杀他呢？假若天意要灭他，除去他的机会很多。况且纵然让他回到北边去，再等待他出现失误，这样，既不辜负我一向的心意，又可以用义取得天下。”

慕容垂的弟弟慕容德进言说：“邻国间相互并吞，自古以来都存在。秦国强大而吞并了燕国，秦国衰败又被消灭，我们杀苻坚是为了报仇雪耻，难道就辜负了一向的心愿吗？当年，邓祁侯不采纳骓甥、聃甥、养甥要杀楚子的意见，最后被楚国所灭，吴王夫差不听伍子胥的劝告，被越王勾践所杀。前事不忘，后事之师。希望你应像商汤王、周武王那样建功立业，不要重蹈韩信失败的覆辙。趁苻坚土崩瓦解的机会，替代上天惩罚他，斩除逆凶，恢复宗祀，建立中兴之功，继承盛大的事业，得天下的重大机会不应当失去。如果放弃数万军队，再给他掌握军队的权力，就是违背天意而等待后害，这不是好计谋啊。古语说：‘当断不断，反受其乱。’希望兄长你不要再犹豫了。”慕容垂说：“我当初被太傅排挤，投身到秦王这里来，又被王猛诬陷，秦王给我洗清冤诬，并且以国士之礼待我，对他的恩德我还未报答。假使秦的国运必定衰败，天数应归我，杀掉苻坚的机会何愁没有呢？关西之地，正好不是我们的，自然有想侵占的人，我可以拱手而定关东。君子不乘乱取利，不先挑起祸乱，可暂且观察事态的变化。”于是把军队交给苻坚。

当初，慕容宝在长安，与韩黄、李根等人在一起饮酒赌博，慕容宝正襟危坐，发誓说：“世人都说樗蒲能显灵，难道是虚妄的吗？如果我今后能够得到富贵，就连续得三个卢。”于是三次投掷，都得的卢，慕容宝拜而受赐，所以说叫五木之祥。

苻坚到了渑池，慕容垂请求到邺城去祭拜祖先的陵墓，以树立国家的威严刑律，安抚戎狄。苻坚同意了他的请求。权翼进谏说：“慕容垂是武将中的名将，可以说是当今的韩信和白起，实为中国东部的豪杰，他的志向是不愿被人调用。不久前，因为避祸前来投靠，不是仰慕威德而来的，给他分封千座城也不能满足他的要求，冠军的封号难道能使他称心吗？况且，慕容垂像鹰一样，饥饿的时候，就依附人；吃饱了，就向高空飞去。遇到风尘大作的好机会，必定有凌云之志。只应该把绳索拴得更紧，不能够任其所欲。”苻坚不同意这样做，派他的部将李蛮、闵亮、尹国率三千人马送慕容垂，又派石越去守邺城，张蚝去守并州。

当时，苻坚的儿子苻丕已住在邺城，慕容垂到了以后，苻丕让他住到邺西，慕容垂向苻丕陈述了苻坚在淮南战败的情况。正好苻坚的部将苻晖报告说丁零、翟斌召集人马准备进犯洛阳，苻丕对慕容垂说：“翟斌兄弟因为王师小有失败，竟敢放肆猖狂，我这些子弟兵，恐怕难以和他作战，除了冠军你英略过人之外，没有能够消灭他们的。我想拜托你带兵去攻打他们，可以吗？”慕容垂说：“下官我是殿下你的鹰犬，怎敢不唯命是听呢？”于是，苻丕赐给慕容垂很多金银、布帛，慕容垂全部谢绝，只请求归还自己原来的田园。

苻丕答应了他的要求，并且调两千士兵给慕容垂，又派他的部将苻飞龙率氐族骑兵一千人做慕容垂的副手。苻丕告诫苻飞龙说：“你是王室的心腹，虽然年龄小，地位低，其实你应是军队的主帅。慕容垂是三军的统领，你应该作为图谋慕容垂的主帅，用兵制胜的权力，防微杜渐的谋略，都委托给你了，希望你尽力去做好。”慕容垂请求进

邺城拜祭祖庙，苻丕不允许。于是慕容垂衣内穿铁甲进入邺城，亭吏禁止他到祖庙去，慕容垂大怒，杀了亭吏，焚烧了亭子，愤愤而去。

石越对苻丕说：“慕容垂在燕国时，破国乱家，自投奔到我朝以后，受到超过常规的待遇，忽然敢于轻慢和侮辱军事长官，并且杀亭吏，烧亭子，谋反的形迹已经显露，终久会成为祸乱的根由。他现在将领老弱，士兵疲惫，正可袭击而消灭他啊！”

苻丕说：“我军在淮南被打败，众散亲离，而慕容垂能侍卫圣上，诚不可忘。”石越说：“慕容垂既然不忠于燕国，难道他肯尽忠于我们吗？况且他是逃亡之人，主上对他宠信如同我朝的旧功臣，他不能铭记恩泽发誓效忠，而首先阴谋作乱，现在不攻打他，必定会成为后患。”苻丕不同意这样做。

石越告诉别人说：“苻丕父子好存小仁，不顾天下大计，我们这些人最终将成为鲜卑人的俘虏啊。”

慕容垂到河内以后，杀了苻飞龙和全部氐兵，招募远近的将士，达到三万人。渡河以后，烧毁了桥梁，下令说：“我本来在外面凭借秦的旗号，而实际则在谋划着自己国家的复兴。对于不遵守法度者，军队有法规，能坚决执行命令者，奖赏则不超过当天。待天下平定以后，论功封赏爵位，决不相负。”

翟斌听说慕容垂即将渡河，派使者去推举慕容垂为盟主。慕容垂拒绝说：“我们父子投靠秦朝，在危险的时候得到救济，承受主上不世之恩，主上对我们有再生之惠，虽说我们是君臣，但恩义如同父子，怎么可以因出现一点小矛盾，便怀不忠之心呢？我本来是想救豫州，不会和你们在一起，为何到我这里来议论这件事呢？”慕容垂进而想攻占洛阳，所以用臣下的礼节去见苻晖，现在又不能确信翟斌是否真有诚意，所以，用以上这些话拒绝他。慕容垂来到洛阳，苻晖紧闭城门坚守不出，不与慕容垂来住。翟斌又派长史河南的郭通去劝说慕容垂，慕容垂同意了他们的要求。翟斌率领军队和慕容垂相会，并劝慕容垂称帝。慕容垂说："新兴侯是国家的正统，我的君主。如果以诸君的力量能够平定关东，应当用大义去告诉秦朝，奉迎新兴侯来治理国家。至于当皇帝，则不是我的心愿。"慕容垂和众人商量说："洛阳四面受敌，北面被黄河所阻，要想控制燕赵，却没有占据有利地势，还不如向北进军，占领邺都，据此而控制天下大势。"大家都认为是这样。于是慕容垂带领军队向东进军，派建威将军王腾在石门搭建浮桥。

当初，慕容垂离开邺都的时候，他的儿子慕容农以及他哥哥的儿子慕容楷、慕容绍，还有他弟弟的儿子慕容宙都被苻丕留在邺都。慕容垂杀了苻飞龙以后，派田生偷偷地告诉慕容农等人，要他们在赵魏地区起兵策应。于是，慕容农、慕容宙逃到列人，慕容楷、慕容绍逃到辟阳，众人都响应他们的号召。慕容农西到上党招请库辱官伟，东到东阿招请乞特归，他们都各带领数万军队到来，共聚众十几万人。苻丕派石越去讨伐慕容农，被慕容农打败，并在阵上杀了石越。

慕容垂率军队到了荥阳以后，于太元八年（383年）自称大将军、大都督、燕王，按照皇帝的礼仪行事，改年号为燕元。下令称统府，府中设置田佐，王公以下的人都向慕容垂称臣，凡是他所封拜的，都像诸侯王一样。他任命翟斌为建义大将军，封河南王；封翟檀为柱国大将军，弘农王；封他的弟弟慕容德为车骑大将军、范阳王；封他哥哥的儿子慕容楷为征西大将军、太原王。军队共有二十多万人，从石

门渡河，长驱直入进攻邺城。慕容农、慕容楷、慕容绍、慕容宙等人率领军队和慕容垂会合。慕容垂立他的儿子慕容宝为燕王太子，封功臣为公、侯、伯、子、男的共一百多人。

苻丕于是派侍郎姜让对慕容垂说："去年圣驾失去凭依，你保护銮驾，勤劳王事，赤心高义，超过了先贤。现在你应该遵循以前的做法尽忠贞之节，为何要放弃山一样高的功劳，做这些过分的事情呢？有了过错贵在能改正，这是先贤们都称赞的事情啊。希望你应好好考虑，现在醒悟还不晚。"慕容垂对姜让说："我受主上的不世之恩，所以想保全他的儿子长乐公，使他带着所有的军队和人员回长安，然后修复燕国宗庙，与秦朝永为友好邻邦，为何你不明白机运，不把邺城还给我们呢？大义能灭亲，哪能只顾义气呢？你们如果执迷不悟，我也准备以兵戎相见。现在事情已成了这个样子，恐怕你一个人请命已办不到了。"姜让高声指责慕容垂说："将军你不被自己的家国所容，投奔到圣朝来，燕国的尺寸土地难道有将军的份吗？主上在第一次见面时认为你是奇才，主上与将军风范、族类各异，气味不同，同心协力，托以大事，对你的宠爱超过自己的宗族子侄和旧臣，职务与藩王同等，自古以来君臣之间情意深合的，难道有超过这些的吗？正当要将未成年的孤儿托付给将军，授以疆场征战之命，为何王师出现一点挫败，便有了二心？况且你师出无名，终将不会成功，上天要废除的事情，人无法扭转。将军兴起无名之师，想兴办上天所要废除的事，我认为办不到。长乐公是主上的长子，声望和恩德超过周代的唐叔卫叔，担负着守卫陕东的重任，为保卫朝廷的连城，他怎么能束手以百城之地输给将军你呢？大夫为王事效死，国君为社稷捐躯，将军想自毁冠冕，拔除根本，堵塞源泉，自然可以任将军用兵，何必再让我多说呢？但顾念将军以七十高龄，将要把首级悬挂在白旗上，将军原本是超乎世俗的忠臣，忽然变成叛逆的鬼魂，我私下为将军痛心啊！”慕容垂默然不语。慕容垂手下的人劝慕容垂杀掉姜让，慕容垂说：“古时两国交兵，使者往来其间，狗见了主人之外的人总是要狂叫，何必要问罪呢?”于是放姜让归去。

慕容垂给苻坚上表说：“臣下我才能不及古人，招致祸起萧墙，身遭难时，投奔圣朝。陛下像周武王、汉武帝那样施恩于人，卑臣我叨蒙陛下眷顾之恩，使臣位于将军之列，爵位愧在王侯之中，臣发誓尽力献出我的忠诚，常常害怕办不到。去年夏天桓冲前来送死，剿灭桓冲以后，回来又去讨伐郧城，俘获敌人以万计，这实在是陛下神机妙算带来的奇绩，也是愚臣舍生忘死取得的胜利。我正准备到桂州饮马，将旌旗挂到闽会的城头上，不料上天却助凶逆，使陛下你大驾班师。陛下单人独马到臣这里来，臣侍奉护卫陛下没有二心，岂但陛下圣明可看出臣的忠心，就是皇天后土也知道这些。臣遵奉陛下的命令北巡，却受到长乐公制约。然而苻丕对外失去民心，对内多怀猜忌，让臣住到城外，不让臣进城拜谒祖庙。当时，逆贼丁零侵犯豫州，苻丕强迫臣一人前去讨伐，限定了出师的日程，只给臣老弱士兵两千人，并且都无兵器，接着又派苻飞龙暗中当刺客。到了洛阳以后，平原公苻晖又不信任和接纳臣。臣私下考虑：进，我没有淮阴侯韩信的功高逼主的忧虑；退，没有李广失利的过失，只害怕受到谗言伤害，以辱自己的清白。丁零及夷夏诸将，因为臣忠于陛下反而被疑，于是推臣为盟主，臣受陛下嘱托，能善始而不能善终，臣哭泣着遥望西京，挥

洹进军。军队驻扎在石门，各路人马云集到这里来，不期而至的军兵，即使当年周武王大会诸侯于孟津，汉高祖集各路大军于垓下也不会有如此盛况。臣想让长乐公率众奔赴本国之难，臣当以礼遣送，而他固守匹夫之志，不晓变通之理。臣子慕容农召集旧有人马，用以防备不测，而石越率领邺城的全部人马，轻率地掩杀过来，两军还未对阵，石越已被杀。臣虽然单车独骑，而归顺者云集，这实在是天意，不是臣的能力所能办到的。况且邺城是臣国家的旧都，便应当赠送给我，然后面向西受您的支配，守卫东藩，这样，既显示了陛下对臣的知遇之恩，也成全了愚臣感恩报德之意。现在臣进兵围困邺城，并用天时人事开导他。而苻丕看不清时机和天命，紧闭城门自守，经常出来挑战，兵刃相交，臣常常害怕飞矢误中，伤了陛下的太子。臣的诚心，未上书陛下之前，就控制军队，不敢大举进攻。天命有推移，去来是常事，望陛下明察此理。”

苻坚回信说：“朕以不德，愧承天命，君临万邦，三十年了。远方夷族没有不来朝拜的，只有东南一个小地方，敢于违抗王命。朕于是统率六师，奉天命而惩罚逆凶，不料，天意不祥，导致王师溃败，全赖你一片忠心，辅佐护卫我，国家不亡，你出了大力啊。《诗经》上说：‘中心藏之，何日忘之。’正准备任用你为宰相，封你为君侯，希望能广泛救助，使国家解脱危难，同时报答你建立的功业，何曾想到伯夷忽然自毁冰操，柳下惠忽然成为淫夫！看了你的奏表，真替你惋惜，使我在朝臣面前感到惭愧。当初，你不被本朝所容，单人匹马投靠于朕，朕对你十分宠爱，授你以将位，待你为上宾，用你如旧臣，爵位和朕的功臣一样，我们曾盟誓，同心协力，肝胆相照。朕以为你能食椹怀音，一直保持到老。哪想到蓄了水而翻了船，饲养野兽反受其害，悔之已晚，将何所及！你用荒诞的言论骇人听闻，夸大自己的力量超出常规，周武王的事，难道是你这个庸人可以议论的吗？出笼的鸟，不是罗网能羁绊得住的；脱网的鲸，不是用网可以制服得了的！举足跳跃，放任情怀，何须告知，念你垂暮之人，老了成为逆贼，活着是个叛臣，死后成为逆鬼，嚣张气焰在阴曹地府都能显现，活人和死人都要受你的毒害，中原儿女，该是如何痛惜！朕的命运兴衰，哪能由你决定呢？但长乐公、平原公都很年轻，在邺城和洛阳遇到你，朕忧虑他们的谋划不称朕的心，所遗憾的仅此而已。”

慕容垂攻下了邺城的外城，苻丕固守中城，慕容垂派军队围绕中城挖深沟包围了中城，将年老体弱的分派到魏郡、肥乡，又筑新兴城以屯集粮草兵器，引漳河水灌邺城内城。

翟斌私下暗示丁零和西人，让他们向慕容垂请求让翟斌当尚书令。慕容垂询问诸位大臣，安乐将军封衡面色严厉地说：“马能行千里，却不能免于被套上笼头拴上绊索，说明畜生不能用人的方法去驾驭它。翟斌这个戎狄小人，遇到好的机会，兄弟被封为王，叛逆者还没有这种福气。福禄太多而不知止，又有这种要求，他已神经错乱，一年之内，他必定灭亡。”慕容垂仍然克制忍耐，宽容了他，下令说：“翟王的功劳应居首相之位，但既然拜相台还没有建起来，这个官位就不能马上设置。等到天下统一了，再议这件事。”翟斌大怒，秘密约应苻丕，偷偷地派丁零去挖决堤防将水放掉，事情败露以后，慕容垂杀了翟斌。翟斌哥哥的儿子翟真率领他的部下向北逃到邯郸，带兵向邺城进发，想与苻丕形成里应外合之势。慕容垂命令他的太子慕容宝、冠

军慕容隆领兵打败了他。翟真从邯郸向北逃走，慕容垂又派慕容楷率骑兵追赶他，两军战于下邑，慕容楷被翟真打败，翟真于是在承营屯兵。慕容垂对诸将说："苻丕已是穷寇，必定死守，不会投降。丁零这个叛贼，是我的心腹大患，我想将军队驻扎到新城，放开道路，让苻丕逃走，进可以报秦主往日的恩惠，退为攻击翟真作好周密准备。"于是率军队离开邺城，向北驻扎到新城。慕容农在黄泥攻击翟嵩，并打败了他。慕容垂对范阳王慕容德说："我有意放苻丕逃去，他不去，欲引晋军来加强邺城的防守，我们不能不管。"于是又领兵进攻邺城，并放开一条让苻丕西奔的道路。

慕容垂准备在中山建立国都，慕容农率领数万人迎接他。群臣听说慕容暐已被苻坚杀了，都劝慕容垂僭即皇帝位。慕容垂因慕容冲已在关中称帝，不同意。

东晋龙骧将军刘牢之率兵救援苻丕，到邺城以后，慕容垂领兵迎战，被打败了，慕容垂撤除了对邺城的包围，退兵驻扎新城。接着慕容垂从新城向北逃走，刘牢之带兵追赶慕容垂，接连几次战斗，慕容垂军都失败了。两军又于五桥泽交战，刘牢之的军队失败，慕容德和慕容隆领兵在五丈桥截击刘牢之，刘牢之驰马跳过五丈涧，正好苻丕带来救兵，刘牢之才幸免于难。

翟真离开承营，领兵驻扎到行唐，翟真的司马鲜于乞杀了翟真和翟氏全族，自立为赵王。承营人又杀了鲜于乞，迎立翟真的堂弟翟成为主，翟真的儿子翟辽逃向黎阳。

高句丽人侵犯辽东，慕容垂的平北将军慕容佐派司马郝景带军队前往救援，被高句丽人打败，于是辽东、玄菟被占领。

建节将军徐岩在武邑反叛，驱逐掠夺了四千余人，向北逃往幽州。慕容垂用快马传达命令给幽州守将平规说：“只可坚守，不要出战，等到消灭丁零以后，我要亲自去讨伐他。”平规违抗命令出城接战，被徐岩打败。徐岩乘胜进入蓟州，抢掠千余户而去，所过之处烧杀抢掠，又占据了令支。

翟成的长史鲜于得斩翟成而投降，慕容垂进入行唐，全部坑杀了翟成的部卒。苻丕放弃了邺城，逃向并州。慕容农攻克了令支，斩杀了徐岩兄弟。进而讨伐高句丽，收复了辽东、玄菟二郡，屯兵龙城。

慕容垂定中山为国都，众幕僚劝他即皇帝位，准备典仪，修建祭拜天地的礼坛。慕容垂听从了他们的劝告。在太元十一年（386年）即皇帝位，大赦境内，改元为建兴，设置百官，修缮宗庙社稷，立慕容宝为太子；封左长史库辱官伟、右长史段崇、龙骧将军张崇、中山尹封衡为吏部尚书，封慕容德为侍中、都督中外诸军事、领司隶校尉，封抚军慕容麟为卫大将军，其余的人都被授予不同的官职。慕容垂又追尊自己的母亲兰氏为文昭皇后，迁走慕容皝的皇后，将兰氏和慕容皝合葬，让她享受祭奠。博士刘祥、董谧建议说：“昔日尧的母妃在帝喾的王妃中只位居第三，并没有因儿子尧显贵而超越正妃姜女原的地位，这说明圣王之道应以公道为先。”慕容垂没有听从他们的建议。

慕容垂派征西将军慕容楷、卫军将军慕容麟、镇南将军慕容绍、征虏将军慕容宙等人分别向苻坚的冀州牧苻定、镇东将军苻绍、幽州牧苻谟、镇北将军苻亮进攻。慕容楷给苻定等人写信，晓以祸福利害，苻定等人都投降了。

慕容垂留太子慕容宝守卫中山，然后率领诸将向南进攻翟辽，任

命慕容楷为前锋都督。翟辽的部下都是燕赵一带的人，都说："太原王之子，是我们的父母。"相互约定都来归附慕容垂。翟辽非常害怕，派使者请求投降。慕容垂到了黎阳以后，翟辽脱去上衣，裸露身体前去谢罪，慕容垂好言安抚他。

慕容垂又为太子慕容宝建造承华观，让慕容宝总领尚书正事，大小事情都委托他去办，慕容垂只是总揽大要而已；立他的夫人段氏为皇后；又以慕容宝领侍中、大单于、骠骑大将军、幽州牧；在龙城建留台，封高杨王慕容隆录留台尚书事。慕容暐及宗族中被苻坚杀害的人，一并招魂祭奠，进行安葬。

清河太守贺耕在定陵聚众反叛，响应南边叛乱的翟辽，慕容农领兵讨伐并杀了贺耕，同时拆毁了定陵城。接着带军队进入邺城，因为邺城太大难以固守，所以在凤阳门大道的东面又建了一座隔城。

尚书郎娄会上书说："守孝三年，是天下的通行规定，兵荒马乱，往往废除常礼就以权宜的办法取士。人们争相竞争，不以正当手段求取荣升，及至有人身穿孝服，仍参加战争，难道都是忠于国家？其间也有很多是想从中谋取利益的。圣君设置教化，不因国家动荡变乱而改变制度，不因出现丧乱而改变风化，所以能杜绝强横竞争之门，阻塞奔波追逐之路。陛下时逢百代君王的末期，开拓中兴之业，天下逐渐平定，兵革将要停息，实在应当清除一些不正确的做法，遵循旧的规章。官吏遇到大丧，也听任他尽三年守孝之礼，则四面八方的人都受到感化，人们就服从礼制。"慕容垂没有听从。

翟辽死了以后，他的儿子翟钊代他而立，带兵攻逼邺城，慕容农击败并赶走了他。慕容垂率军队在滑台讨伐翟钊，驻扎在黎阳津，翟钊在河南岸拒守，诸位将领怕翟钊的兵精将勇，都劝谏不宜渡河。慕容垂笑笑说："小子能有什么作为?！我今天为你们杀了他。"于是移营到西津，造牛皮船一百多艘，船上装载疑兵兵器，沿河流而上。翟钊先用主要力量备守黎阳，看到慕容垂的军队向西津而去，于是离开营地向西去拒敌。慕容垂暗暗派桂林王慕容镇、骠骑将军慕容国在黎阳津夜渡，在河的南岸扎营。翟钊听到这个消息马上带军回救黎阳，士兵非常疲惫和饥渴，逃回滑台，翟钊带领妻子儿女率领数百人马向北奔赴白鹿山。慕容农追赶他，俘虏了他的全部人马，只有翟钊一人逃到长子。翟钊所管辖的七郡共三万八千户都安定如常。慕容垂将徐州七千多户流人迁到黎阳。

慕容垂和大家商议准备征伐长子。诸将都劝他不要出征，因为慕容永还没有失败的迹兆，再加上连年征战，士兵疲惫，请求等待他年再出兵。慕容垂正想同意，但听到慕容德的计谋以后，笑着说："我的计策已决定了。况且我已经老了，掏出口袋底里的智慧，还足以战胜他，不想留下逆贼去连累子孙。"于是发兵七万，派丹杨王慕容瓒、龙骧将军张崇到晋阳去攻打慕容永的弟弟慕容支。慕容永派他的部将刁云、慕容钟率五万军队驻扎在潞川。慕容垂派慕容楷从滏口出兵，又派慕容农带兵进入壶关，慕容垂自己领兵驻扎在邺城的西南，一个多月仍停兵未进。慕容永认为慕容垂可能用诡诈之道讨伐他，于是，统率诸军在太行、轵关设防。慕容垂领兵进入天井关，到了壶壁。慕容永率精兵五万前来迎战，依仗河曲扎营自守，派遣使者前去下战书。慕容垂在壶壁以南列阵，慕容农、慕容楷领兵为两翼，慕容国带兵在山沟里设下埋伏，然后和慕容永交战。两军对阵，慕容垂领兵假装败

却，慕容永带兵追了几里路，慕容国带领伏兵突然出击，切断了慕容永的后路，慕容楷、慕容农从两边掩杀过来，慕容永的军队大败，被斩首八千余人，慕容永逃回长子。慕容瓒攻克了晋阳。慕容垂进而包围长子，慕容永的部将贾韬等人背叛了他，并作为内应。慕容垂的军队攻入长子城，慕容永逃向北门，被慕容垂的先头部队擒获，慕容垂历数他的罪状之后杀了他，同时被杀的还有慕容永手下的公卿刁云等三十多人。慕容永所统辖新旧八郡共七万六千八百户及他的车子、衣服、伎乐、珍宝等都被慕容垂所得，于是众多的东西都齐全了。

慕容垂命令慕容农去攻占河南，占领了廪丘、阳城，太行、琅琊诸郡的守将都抛弃城市逃散了。慕容农又攻占了临海，委任郡守以后，领兵回朝。慕容垂在龙城的祖庙里宣告战争的胜利。

慕容垂派太子慕容宝等人率八万大军讨伐魏国，又派慕容德、慕容绍带领步兵、骑兵共一万八千人为慕容宝的后续部队。魏国听说慕容宝将要到来，迁移到河西。慕容宝领兵到河岸，心中害怕，不敢渡河。退回驻扎在参合，忽然出现了大风黑气，形状像堤防，时高时低，覆盖在军营之上。僧人支昙猛对慕容宝说："大风云气来得突然而猛烈，是魏军将要到来的征候，应该调兵抵挡它。"慕容宝笑笑，没有采纳他的建议。支昙猛坚持自己的意见，于是派慕容麟率领三万多骑兵为后队，以防非常事变。慕容麟以为支昙猛说的是假话，就纵骑游猎，不一会儿，黄雾笼罩四野，日月失色，当夜魏军掩杀过来，慕容宝的军队溃不成军。慕容宝和慕容德等人带领数千人马冲出重围逃去，才幸免于难，士兵生还者只有十分之一二，慕容绍死于乱军之中。当初，慕容宝到幽州的时候，所乘车的车轴无故折断，术士靳安认为这是凶兆，坚决劝慕容宝回军，慕容宝大怒，不听从靳安的劝告，所以落得惨败。

慕容宝对参合的失败非常遗憾，多次说魏国有可乘之机。慕容德也说：“魏国人倚仗参合之战取得的胜利，大有欺侮太子的意图，应当定下高明的策略，以灭他们的锐气。”慕容垂同意了慕容德的意见，留慕容德守卫中山，亲自率大军从参合出发，凿山开路，驻扎在猎岭；派慕容宝与慕容农带兵出天门，派征北将军慕容隆、征西将军慕容盛带兵翻过青山，在平城袭击魏国陈留公泥，并攻陷了平城，将三万多魏人带回国。

慕容垂回军来到参合，看见往年打仗的地方尸骨堆积如山，设祭凭吊，死者的父兄同时号哭，军士极度悲痛，羞愧愤懑而吐血，病倒了，只得坐着马车前进；走过平城以北三十里病情加重，修筑燕昌城而回。慕容宝等人到了云中，听到慕容垂病重的消息，都领兵而回。慕容垂到平城以后，有叛逃的人前去告诉魏国人说：“慕容垂害病已死，装尸的车就在军中。”魏国人又听到参合传来的惊天动地的哭声，就以为果真如此，于是派兵追赶，得知平城已被占领，才不再追赶，退兵住在阴山。慕容垂到了上谷的沮阳，于太元二十一年（396年）去世，当时他七十一岁，在位十三年。慕容垂死前留下命令说：“现在祸乱还很多，丧礼要一律从简，早晨死，晚上就停柩，事情完毕就穿孝服，三日以后，脱去孝服，就治理政事。强敌总在寻找时机，希望你们秘密行事，不要发丧，到了京城再举哀办丧事。”慕容宝等人都遵照慕容垂的遗命行事。慕容宝追封慕容垂为成武皇帝，庙号世祖，墓叫宣平陵。

参考文献

[1] 田余庆. 东晋门阀政治[M]. 北京:北京大学出版社，2012.

[2] 郭廉夫. 王羲之评传[M]. 南京:南京大学出版社，2011.

[3] 吕思勉. 两晋南北朝史[M]. 北京：中国友谊出版公司，2009.

[4] 刘雅茹. 真名士，自风流：谢安这个人[M]. 天津：天津教育出版社，2008.

[5] 孙峰，孙艺真. 东晋风云[M]. 武汉：华中科技大学出版社，2012.

[6] 沈起炜. 细说两晋南北朝[M]. 上海：上海人民出版社，2002.

[7] 柏杨. 柏杨白话版资治通鉴：苻坚大帝、淝水之战[M]. 北京：万卷出版公司，2011.

后　记

本系列图书详细介绍了中国历史上的十大战争，以独特的角度展现了波澜壮阔的中华文明史、可歌可泣的民族融合史，展现了古代将领的卓越智慧和军事谋略。为此，本系列图书的作者付出了辛勤的劳动和汗水。

本书的出版，还得到了中国财富出版社的大力支持，在此，谨向社领导和编辑同志表示由衷的感谢!

本书在编撰过程中参考了大量资料，其中有历史文献、学者著作，也不乏一些历史爱好者们所著的图书。所参考资料大部分已经过作者同意，并已付予适当稿酬，但也因为各种原因，有些参考图书的作者无法联系上。如书中观点、内容雷同于贵君所著书籍，烦请您及时与我取得联系，获得稿酬。

联系人：姜正成

邮　箱：945767063@qq.com